大数据时代下公共文化服务

王　静　胡洋云◎著

线装書局

图书在版编目（CIP）数据

大数据时代下公共文化服务 / 王静，胡洋云著. --
北京：线装书局, 2023.9
ISBN 978-7-5120-5579-7

Ⅰ. ①大… Ⅱ. ①王… ②胡… Ⅲ. ①公共管理－文
化工作－研究－中国 Ⅳ. ①G123

中国国家版本馆CIP数据核字(2023)第143300号

大数据时代下公共文化服务
DASHUJU SHIDAIXIA GONGGONG WENHUA FUWU

作　　者：王　静　胡洋云
责任编辑：白　晨
出版发行：线装书局
　　　　　地　　址：北京市丰台区方庄日月天地大厦 B 座 17 层（100078）
　　　　　电　　话：010-58077126（发行部）010-58076938（总编室）
　　　　　网　　址：www.zgxzsj.com
经　　销：新华书店
印　　制：三河市腾飞印务有限公司
开　　本：787mm×1092mm　　　　　1/16
印　　张：10
字　　数：232 千字
印　　次：2024 年 7 月第 1 版第 1 次印刷

定　　价：68.00 元

线装书局官方微信

前　言

　　随着我国当前社会经济的不断发展，大数据时代已经来临，在公共文化服务体系背景下文化馆的工作人员在日常工作的过程中，需要根据当前时代发展特点以及时代发展的方向明确主要的工作思路以及工作中点，从而使得文化馆工作水平和工作质量能够得到有效的提升，并且工作人员还需要对以往的工作经验进行全面的分析，明确在公共文化服务体系下文化馆建设的重点和思路，从而使得文化馆能够有一个正确的方向而开展日常的建设工作，提高我国公共文化服务的水平。

　　本书的章节布局，共分为九章。第一章是大数据环境解析，本章解析大数据环境，需要从认知维度、内容维度、技术维度、价值与应用维度进行深入剖析；第二章是现代公共文化服务的基础理论，本章分别从现代公共文化服务的内涵以及现代公共文化服务国内外研究背景两方面的相关知识进行了概括讲解；第三章是我国公共文化服务的实践，本章概述了公共文化服务取得的进展及成效、公共文化服务存在的问题及原因、政策体系框架及制定原则；并简要介绍了公共文化服务的经费保障政策、公共文化产品供给的相关政策、多公共文化服务的绩效评价政策；第四章是公共文化服务大数据采集方法研究。本章主要对公共文化服务的大数据采集的理论基础、关键技术以及采集方法进行简要阐述；第五章是公共文化服务的大数据存储模式与机制研究，本章主要针对英公共文化服务的大数据存储模式与机制的理论基础、公共文化服务的大数据存储模式与机制的关键技术、公共文化服务的大数据存储模式与机制相关知识进行了概括讲解；第六章是公共文化服务的大数据分析指标体系研究，本章主要介绍了公共文化服务的大数据分析指标体系研究背景、主要内容进行简要阐述；第七章是公共文化服务的大数据分析方法研究，本章研究公共文化服务的大数据分析方法研究背景、常用的数据挖掘方法、公共文化服务的大数据分析方法；第八章是公共文化服务的大数据分析平台建设研究，本章主要对公共文化服务的大数据分析平台建设背景、建设方案进行叙述；第九章是基于公共文化服务大数据分析的应用系统建设方案，本章内容包括基于公共文化服务大数据分析的应用系统建设背景、建设方案。

　　本书在撰写过程中，参考、借鉴了大量著作与部分学者的理论研究成果，在此一一表示感谢。由于作者精力有限，加之行文仓促，书中难免存在疏漏与不足之处，望各位专家学者与广大读者批评指正，以使本书更加完善。

目　录

第一章 大数据环境解析

第一节 大数据环境的认知维度

一、大数据是重要的战略资产

习近平总书记在成立中央网络安全和信息化领导小组时的发言中指出："信息资源日益成为国家重要的生产要素和社会财富，信息掌握的多寡成为国家软实力和竞争力的重要标志。"中共中央政治局于 2017 年 12 月 8 日就实施国家大数据战略进行了第二次集体学习，习近平总书记发表了题为"实施国家大数据战略，加快建设数字中国"的重要讲话，将大数据研究与应用推向了新的高潮。

大数据是重要的战略资产这一认知已经在全社会达成共识。大数据作为新兴战略资源，多个国家将其视作国家战略予以推进，世界各国的大数据战略如表 1-1 所示。此外，联合国于 2012 年 5 月发布了《大数据促发展：挑战与机遇》，向人们指出了大数据时代的到来。

表 1-1 世界各国的大数据战略

国家	大数据相关战略规划	发布时间	主要内容
美国	《大数据的研究和发展计划》	2012.3	涉及美国国家科学基金、美国国家卫生研究院、美国能源部、美国国防部、美国国防部高级研究计划局、美国地质勘探局六个联邦政府部门，推动大数据相关的收集、组织和分析工具及技术，以推进从大量的、复杂的数据集合中获取知识和洞见的能力

续表

国家	大数据相关战略规划	发布时间	主要内容
美国	《大数据：把握机遇，守护价值》白皮书	2014.5	对美国大数据应用与管理的现状、政策框架和改进建议进行了集中阐述
韩国	《大数据总体规划》	2012.11	推进大数据应用，建设大数据共享的基础设施以及相关教育体系
英国	《英国农业技术战略》	2013.8	目的是将英国的农业科技商业化，把农业技术的研究焦点投向大数据，致力于将英国打造成农业信息学世界级强国
英国	《英国数字化战略》	2017.3	包含"连接性、技能与包容性、数字化部门、宏观经济、网络空间、数字化治理、数字经济"七大方面战略任务，致力于把英国建设为一个现代化、具备动态的全球性贸易大国
法国	《数字化路线图》	2013.2	把"大数据"作为五项战略性高新技术之一重点支持
德国	《德国数字化战略2025》	2016.3	在国家战略层面明确了德国制造转型和构建未来数字社会的思路，以及未来数字化必备的工具，对未来10年德国的数字化发展做出系统安排
澳大利亚	《公共服务大数据战略》	2013.6	以六条"大数据原则"为支撑，旨在推动公共行业利用大数据分析进行服务改革，制定更好的公共政策，保护公民隐私
日本	《创建最尖端IT国家宣言》	2013.6	全面阐述了2013—2020年以发展政府开放数据和大数据为核心的新IT国家战略
中国	《促进大数据发展行动纲要》	2015.8	加快政府数据开放共享，推动资源整合，提升治理能力；推动产业创新发展，培育新兴业态，助力经济转型；强化安全保障，提高管理水平，促进健康发展
中国	《"十三五"规划纲要》	2016.3	第二十七章以"实施国家大数据战略"为题，对国家大数据战略进行了阐述
中国	《国家信息化发展战略纲要》	2016.7	最大限度地发挥信息化的驱动作用，实施国家大数据战略

二、政府和企业的"数据意识"正在转变为行动

从国家层面来看，各国政府已经意识到数据开放的重要性。2013年，G8国家集团领导人在北爱尔兰会晤，共同签署了《G8集团开放数据宪章》。这个开放数据政策包括五大原则：默认发布开放数据、注重数据的质量和数量、所有人可用、为改善治理发布数据、为激励创新发布数据。根据《开放数据宪章》和五大原则的精神，G8国家都建立了自己的政府开放数据门户。

政府开放数据以机器可读格式为主，这是大数据处理与分析的前提。The Center for Open Data Innovation根据数据的开放性和透明度以及各国对五大原则的符合程度对上述各国进行了排名。英国得分最高，加拿大和美国并列第二位，法国紧列其后，意大利、日本、德国相差无几，俄罗斯排在末尾。截至2015年1月，G8国家发布的数据集数量及其对应的门户网站如图1-1所示。

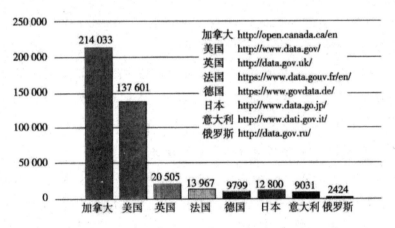

图 1-1　部分国家发布的数据集数量及其对应的门户网站

截至2020年，中国已建立多层次的政府数据开放平台，比如，国家统计局建设的"国家数据"、北京市政务数据资源网、上海市政府数据服务网、天津市信息资源统一开放平台、贵阳市政府数据开放平台、广东省建立的"开放广东"，等。

从企业层面来看，百度的李彦宏2013年在中央政治局常委集体学习中提出了数据开放的思路，并表达了数据开放的意愿。随后，阿里巴巴也表示支持企业的数据开放，打破互联网大数据的割据状态。阿里巴巴提出了"数据中台"的概念，希望能够通过数据战略的实施，成为全球电子商务的"水电煤"。阿里巴巴表示：数据中台就是希望扮演"发电厂"的角色，其建设目标是为了高效满足前台数据分析和应用的需求。数据中台的出现将改变以往企业数据割据的局面。

可以看出，大数据环境推动了政府和企业"数据意识"的转变，促进了数据

开放意识的觉醒。

三、大数据的几个思维误区

（一）大数据只是空泛的概念

中国计算机学会大数据专家委员会在 2015 年就指出大数据已经走向实际应用，大数据产业链正在加速形成。中国计算机学会大数据专家委员会发布的《2020 年大数据发展趋势预测》认为，2020 年与大数据相关的最令人瞩目的应用领域包括健康医疗、城镇化（智慧城市）、金融、互联网（电子商务）、制造业（工业大数据）。

大数据早已从空泛的名词变成一项项成熟的应用，带来了各个领域的革新。Gartner 每年发布的新兴技术成熟度曲线可以见证大数据的落地过程，大数据连续三年出现在 2012 年、2013 年、2014 年的 Gartner 新兴技术成熟度曲线中，但在2015 年及之后的新兴技术成熟度曲线图中，大数据已不见踪迹，专家将这一现象解读为"大数据技术已经成熟，进入了产业化阶段"，这说明从 2015 年开始大数据已经进入行业调整和应用深化的发展阶段。

曲线图的纵轴是人们的期望，横轴是技术所处的发展阶段，可以看出，大数据已经从期望过热期步入幻灭低谷期，这说明了人们对大数据的认知逐渐理性，也预示着大数据即将进入行业调整和应用深化的发展阶段。

（二）大数据一定要同时具备 4V 的特征

大数据的 4V 特征最早来自 IBM 提出的"3V"概念，即大量化（Volume）、多样化（Variety）和快速化（Velocity），4V 在这个基础上增加了"价值"（Value）。人们用这四个词归纳大数据的特征。

第一，正确理解 4V 对大数据处理非常重要。目前对于 4V 存在多种解读，以Velocity 为例，一般理解是"数据增长速度快、处理速度要求快"，也有人把它理解为"需要对大数据进行实时或准实时的处理"。

不同的理解会带来不同的行动，如果非要把 Velocity 理解为对流数据的即时处理，是非常难实现的。尽管社交媒体大数据、物联网大数据，公安、通信等领域的大数据确实需要即时处理，但对于大多数数据类型来说，并没有这么高的要求。只需要建立快速的流转体系，把动态的流数据和存量的历史数据进行迅速关联、整合、处理即可。再比如 Variety，如果理解为所有的大数据都是多源异构、多模态的数据，也会为大数据应用的普及带来障碍。

本书对 4V 的理解如表 1-2 所示。

表 1-2 对大数据 4V 特征的解读

4V	解读
Volume	数据体量大、存储量、计算量大，增长迅速
Variety	多源异构异质
Velocity	数据更新速度快，需要建立快速的数据流转和动态的数据体系，必须在尽可能短的时间内挖掘出价值
Value	价值大、价值密度稀疏

第二，并不是所有的大数据都同时具备 4V 的特征。比如企业的业务数据、政府的公共数据价值密度比较高，且大多为结构化的数据，尽管数据量较大，但人们已经积累了足够的方法和工具来处理。

从实际情况看，具备其中 2~3 个特征即可称为大数据。有学者认为，一般的大数据处理与应用只要求 1~2 个方面，例如社交网络和电子商务的日志文件具有海量和高速的特点，但数据种类并不多；数字化媒体中的数据量大、数据类型比较复杂，但数据的增长速度并不快。

对于数据量来说，对于不同的应用场景，从 TB 级到 PB 或 EB 级的数据处理都可以成为大数据。尤其是在互联网领域，人们往往会把基于多源数据关联的挖掘和分析结果称为大数据分析的结果，而不管后台的数据量有没有达到某个级别。

另外，大数据的概念已经泛化了，甚至成为一个大众流行语。当人们说到电子商务中的精准营销、个性化推荐，说到社交网络中关系的挖掘，都会冠以大数据的称谓。从价值维度上看，尽管很多数据不是严格意义上的大数据，也必须进行挖掘、利用、开发。

（三）一味考虑大数据处理中最难的应用场景

在大数据的科研与应用实践中，人们往往倾向于考虑大数据处理中最难的应用场景，比如实时的流数据处理、完全异构多源并具有复杂数据关系的大数据，等等。对于某些应用场景来说，这些问题确实存在，比如，社交媒体中的数据，价值密度比较低，主要是非结构化数据，同时又具有海量和高速增长的特点。

但是，大部分情况下的大数据处理没有这么高不可攀，一味考虑大数据处理中最难的部分，会增加人们的畏难情绪，影响大数据的发展与应用。并不是所有的大数据任务都要完全解决实时的流数据处理等问题，目前主流的大数据计算模式 MapReduce 也只是适合于进行大数据线下批处理，但这并不影响 Hadoop MapReduce 成为大数据处理的主流工具，解决大部分大数据处理的需求。尽管有人把大数据定义为"传统的软件工具在可容忍的时间内处理不了的数据"，但这也不意味着传统软件工具在大数据时代的终结。以 SQL 处理引擎为例，SQL 是传统关系型数据库的结构化查询语言，是典型的传统软件工具，但目前在大数据处理领域仍然有大量围绕 SQL 处理引擎的新应用，比如 Impala、HAWQ，并且取得了巨大成功。

从科学研究的角度看，并不是所有学者都要去研究海量数据的存储、流数据分析、快速查询、分布式计算等大数据处理的基础科学问题，学者们不需要一次性解决大数据处理中的所有难题，而应该从各自的领域出发，在某个侧面有助于大数据处理和问题的解决即可。

从业界实践的角度看，第一，大数据处理中，既有实时数据的处理需求，又有存量数据的处理需求，关键是要建立快速的数据流转体系。第二，大数据处理要考虑非结构化数据的处理，但结构化的数据（比如企业业务数据）往往包含更大的价值。第三，大数据分析只不过是人们解决问题的一个抓手而已，并不能应对所有的问题。

第二节　大数据环境的内容维度

一、大数据的产生与发展

数字化环境是大数据产生和发展的根源。美国《连线》杂志主编安德森总结道："60 年前数字计算机使得信息可读，20 年前因特网使得信息可获得，10 年前搜索引擎爬虫将互联网变成一个数据库，现在 Google 及类似公司处理海量语料库如同一个人类社会实验室。"

随着信息化的发展浪潮，传统的数据载体已经纷纷实现电子化。以企业信息化为例，随着 ERP、MES、DNC、MDC、PDM、Tracker 等先进信息化管理系统在制造企业的广泛应用，企业积累了大量关于生产、经营的业务数据。再以电子政务为例，各种政务服务系统中积累了大量的公共数据，比如宏观经济数据、社会人口数据等。这些数据是价值密度比较高的数据，且大多为结构化的数据。

传统企业、政府机构、个人都在不断地生成数字化的信息，这些信息构成了庞大的数字宇宙（信息空间）。国际数据公司发布的第六期数字宇宙研究报告显示，由于个人和机器产生的大量数据，数字资源的膨胀已然达到了前所未有的程度。全球 90% 的数据是在过去两年中生成的，数字宇宙的规模每两年翻一番，这意味着绝大部分数据将以数字化的形式存在。

二、大数据的分类

分类是人们认识事物、区分事物以及分析问题的基本方法之一。为大数据建立清晰的分类体系，有利于判断出当前急需进行组织、能够进行组织的大数据类型。将目前主流的分类总结如下。

第一种分类。中国人民大学毛基业教授把大数据的内容来源分为五类，分别是：业务数据（Business data），来自企业业务处理系统、监控系统的数据流、各类传感器数据；"暗藏数据"（Dark data），是已经拥有但未被高效利用的数据，包括电子邮件、合同、书面报告等；商业数据（Commercial data），是从外部行业机构和社交媒体服务商获取的结构化或非结构化数据；社交数据（Social data），源自 Meta、Twitter、微信等；公共数据（Public data），包括宏观经济数据、社会人口数据、气象数据等。

第二种分类。如果要涵盖所有的大数据来源，可以根据李国杰院士提出的三元世界的理论对大数据进行内容维度上的划分，即来自信息空间的大数据、来自物理世界的大数据、来自人类社会的大数据。

第三种分类。根据大数据产生的方式，把大数据划分为被动、主动和自动三种。被动产生的大数据包括医疗中的电子病历、企业的 MIS 历史数据等，主动产生的大数据包括社交网络数据等，自动产生的大数据包括传感器数据等。

第四种分类。在大数据处理过程中，会针对不同温度带的数据采用不同的解决方案，根据数据的应用价值和使用频率，分为热数据、温数据和冷数据。热数据是被频繁访问的数据，存储在快速存储器中；温数据是被访问频率相对较低的数据，存储在相对较慢的存储器中；冷数据是极少被访问的数据，被存储在最慢的存储器中。

第五种分类。专注于大数据分析的全球性软件公司 Teradata 国际集团总裁赫尔曼·威摩（Hermann Wimmer）认为大数据主要包含三大块：一是传统的数据，例如企业原来的交易系统、网络系统以及 ERP 系统等数据仓库；二是传感器生成的数据；三是社交媒体上的数据。

第六种分类。《中国大数据技术与产业发展白皮书（2013）》根据 MapReduce 产生数据的应用系统分类，将大数据的来源归纳为四个方面：管理信息系统，包括事务处理系统、办公自动化系统，其数据通常是结构化的；Web 信息系统，包括互联网上的各种信息系统，比如社交网站、搜索引擎等，其数据大多是半结构化或无结构的；物理信息系统，指关于各种物理对象和物理过程的信息系统，如实时监控、传感器数据等；科学实验系统，主要来自科研和学术领域。

以上列举了对大数据的六种分类。上述分类又可以划分成两种基本类型，第一种是全面的分类标准，要求能涵盖所有的大数据类型，前四种分类均属于此模式；第二种是从实用主义出发，只涵盖目前主流的大数据，后两种分类属于第二种模式，这种分法对实际工作更有指导意义。

著名咨询公司Gartner认为互联网、物联网、社交网是大数据的主要来源，这三个方面的数据构成了大数据的主要内容。本书从实际应用的角度出发，对当前有利用价值和利用可能的大数据来源进行了梳理和归纳，如表1-3所示。

表1-3　常见的大数据来源

所属领域	数据
互联网	Email，IM即时通信，社交网络（微博），用户的浏览点击记录、消费记录、跳转轨迹、好友关系、购买记录、支付情况、评论、点赞记录、外出行踪等
物联网	移动设备、终端中的商品、个人位置、传感器采集的数据
智慧城市	交通治安摄像头数据，公众交通出行数据
电子政务	经济运行数据、身份证、各种行政审批、学籍登记
制造业	企业内部Intranet上的数据、企业间EDI的数据
通信	全球四大卫星导航系统，手机通话、短信，呼叫中心
金融	逐笔交易数据和逐秒交易数据
医疗	手写病历、电子病历、医疗处方、各种仪器的数据
生物信息	人类基因组计划、人类脑计划
科学观察	天文望远镜、卫星云图、物理学实验、数字长江等

第三节　大数据环境的技术维度

大数据处理的生命周期包括采集、存储、查询、计算、分析与挖掘、应用等环节，其中以存储、计算、分析与挖掘三个方面的技术最为核心，以下就这三个方面对大数据环境的技术维度进行剖析。

一、大数据存储

大数据模态多样、数据类型复杂，传统的关系型数据库难以面对所有的大数据类型。非关系型数据库成为大数据存储的主流技术，以应对高并发读写、海量数据高效率存储和访问、高扩展性和高可用性的需求。

NoSQL（Not Only SQL）是非关系型数据库存储的广义代表，它不需要固定的表结构，通常也不存在连接操作，在大量数据存取上具备关系型数据库无法比拟的性能优势。

NoSQL数据库根据存储模式不同可分为文档式存储、列式存储、键值式存储、对象式存储、图式存储、XML式存储等，各类模式及其代表性系统如表1-4所示。

表1-4 大数据存储技术及其代表性系统

存储类型	典型系统	系统特性
文档式存储	MongoDB	介于关系数据库和非关系数据库之间的开源产品，功能丰富，是最像关系数据库的非关系数据库，是DB Engines数据库排行榜中排名第一的NoSQL数据库（共2款NoSQL数据库进入前十）
	Couchbase	数据存储方式类似Lucene的Index文件格式，可以把存储系统分布到 n 台物理节点上，并协调和同步节点间的数据读写一致性
键值式存储	Bigtable	Google自行开发的具有一定容错能力和可扩展性的数据库，是NoSQL的源头
	Dynamo	Amazon开发的键值式存储平台，具有良好的可用性和扩展性，读写访问中99.9%的响应时间在300ms内
	Voldemort	一个分布式键值存储系统，是Dynamo数据库的开源版本
	Redis	整个数据库加载在内存当中进行操作，定期通过异步操作把数据库数据flush到硬盘上进行保存，每秒可以处理超过10万次读写操作
	Gemfire	内存中的分布式数据库，用户包括中国的铁路订票系统12306网站等
键值式存储	Flare	支持scale能力，它在网络服务端之前添加了一个Node Server，用来管理后端的多个服务器节点，因此可以动态添加数据库服务节点、删除服务器节点
	Tokyo Cabinet	主要用于日本最大的SNS网站mixi.jp，除了支持Key-Value存储以外，还支持Hashtable数据类型，支持基于列的条件查询、分页查询和排序功能
列式存储	Hbase	Apache开发，支持Hadoop2.x，用户包括Facebook等
	Cassendra	Facebook开发的开源分布式NoSQL数据库系统，是由一堆数据库节点共同构成的一个分布式网络服务
	Hypertable	一个开源、高性能、可伸缩的数据库，它采用与GoogleBigtable相似的模型
对象式存储	db4O	一个开源的纯面向对象数据库引擎
	Versant	适用于应用环境中包含复杂对象模型的数据库
图式存储	Neo4j	基于JAVA的开源图数据库

存储类型	典型系统	系统特性
	FlockDB	一个存储图数据的分布式数据库，支持在线数据迁移，可以对包含数百万条目的查询结果进行分页、对超大规模邻接矩阵进行查询
	TnfoGrid	网页图形数据库
	Infinite-Graph	Objectivity 公司推出的商用、分布式、可伸缩的图数据库，拥有高级高速缓存和高性能查询服务器
	Hyper-GraphDB	基于 BerkeleyDB 的开源图数据库

文档式存储可以对某些字段建立索引，实现关系数据库的某些功能，可以满足海量存储和访问的需求。典型应用场景是各类 Web 应用中的海量数据存储和良好的查询性能，但并发读写能力不强。其代表性系统是 MongoDB，当数据量达到 50GB 以上的时候，MongoDB 数据库的访问速度是 MySQL 的 10 倍以上。

与文档式存储相比，键值式存储的主要特点是简单、易部署、可以通过 key 快速查询到其 value。键值式存储会使用包含特定键和指针的哈希表，具有极高的并发读写性能，其典型的应用场景是处理大量数据的高访问负载。代表性的系统包括 BigTable、Redis 等，其中，Redis 还属于内存数据库，是一种将全部内容存放在内存而非外部存储器中的数据库。表 1-4 没有列出的适用于大数据环境的键值式存储系统还有 LevelDB、Scalaris、HyperDex、BerkeleyDB、Apache Accumulo。

在列式存储中，数据被按列存储，每一列由一个线索来处理，每次查询只访问查询涉及的列，以降低系统输入输出的压力，实现查询的并发处理。典型应用场景是分布式的文件系统，是可以满足高可扩展性和可用性的面向分布式计算的数据库。代表性系统包括 Hbase、Cassendra、Hypertable、Riak 等，其中，Hbase 和 Cassendra 采用的是列式存储模式，但有时也被作为键值式存储的代表，原因是在列式存储模式中，键仍然存在，只不过是指向了多个列。

图式存储使用灵活的图形模型，并且能够扩展到多个服务器上，有 REST 式的数据接口或者查询 APIO 典型应用场景是社交网络和各类推荐系统，代表性的系统包括 Neo4J、FlockDB、InfoGrid、InfiniteGraph 等。

上述的几种存储模式并不是完全对立的关系，相互之间存在一定的交叉。

NoSQL 系统通过对事务语义的放松达到系统的可扩展性，但如果应用需要保证一致性，就需要 NewSQL 系统来同时保证可扩展性和事务一致性，NewSQL 系统分为通用数据库和内存数据库两类，前一类系统的典型代表有 Spanner，NuoDB 等，后一类系统的典型代表有 SQLFire 和 VoltDB。

二、大数据计算

计算思维的普及和深化，带来了一系列计算模式的变革，典型的大数据计算模式与典型系统如表1-5所示。

表1-5　大数据计算模式与典型系统

大数据计算模式	典型系统	系统特性
查询分析计算	Hive	Facebook开发的基于Hadoop的数据仓库工具，可以将SQL语句转换为MapReduce任务进行运行，适合数据仓库的统计分析
	Dremel	Google开发的Web数据级别交互式数据实时计算系统，可以让用户在2~3秒内迅速完成PB级别数据的查询
	Impala	Cloudera在受到Google的Dremel启发下开发的实时交互SQL大数据查询工具
	Shark	准实时的SQL查询引擎，是"运行在Spark上的Hive"，可以无缝对接HIVE Queries
	Hana	提供高性能的数据查询功能，用户可以直接对大量实时业务数据进行查询和分析，而不需要对业务数据进行建模、聚合等
	Percolator	基于增量计算克服大数据查询中的冗余问题
	Drill	低延迟的分布式海量数据（涵盖结构化、半结构化以及嵌套数据）交互式查询引擎
批处理计算	Hadoop MapReduce	一个分布式系统基础架构
	Spark	继Hadoop之后的新一代大数据分布式处理框架，由UC Berkeley的Matei Zaharia主导开发
流式计算	Scribe	Facebook开源的分布式日志搜集系统
	Flume	Cloudera提供的一个高可用的、高可靠的、分布式的海量日志采集、聚合和传输的系统
	Storm	Twitter提供的一个免费、开源的分布式实时计算系统，它可以简单、高效、可靠地处理大量的流数据
	S4	主要面向高数据率和大数据量的流式处理
	Spark Steaming	适用于大规模流式数据处理，将流式计算分解成一系列短小的批处理作业

大数据计算模式	典型系统	系统特性
图计算	Pregel	一个用于分布式图计算的计算框架，主要用于图遍历、最短路径、PageRank 计算等
	Giraph	迭代式图处理系统，架构在 Hadoop 之上，提供了图处理接口，专门处理大数据的图问题
	Trinity	微软公司的图形数据库及图形化计算平台，以分布式内存云为设施基础
	Power Graph	PowerGraph 将基于 vertex 的图计算抽象成一个通用的计算模型，是 CMU 的 GraphLab 衍生出来的，目前性能最快的图数据处理系统之一
	GraphX	一个分布式图处理框架，基于 Spark 平台提供对图计算和图挖掘的接口

　　大数据计算模式可以有多个划分标准，根据数据获取方式不同，可分为批处理计算与流式计算；根据数据处理类型不同，可分为查询分析计算和数据挖掘分析计算；根据响应速度不同，可分为实时、准实时与非实时计算，或联机计算与线下计算。

　　大数据查询分析计算的典型系统与上文介绍的大数据存储系统有一定重合，大多是基于数据库的查询分析计算，比如，表 1-4 中的 Hbase、CassendraARedis 等大数据存储系统，都提供查询分析计算的功能。其他典型的系统还包括 Hive、Dremel、Impala、Shark、Hana、Percolator、Drill 等，其中，FaceBook 的 Hive 项目是建立在 Hadoop 上的数据仓库基础构架，Shark 属于 ApacheSpark，Dremel、Impala、Hana 分别由 Google、Cloudera、SAP 公司开发。

　　大数据批处理计算属于非实时和线下计算，往往需要基于集群的分布式存储与并行计算体系结构，代表性的系统是 Hadoop MapReduce 和 Spark。MapReduce 主要通过 Map 和 Reduce 两个抽象的操作描述现实世界的具体任务，并提供一个并行计算框架，将任务自动分布到一个由普通机器组成的超大机群上并发执行，基于 MapReduce 模式的 Hadoop 擅长数据批处理，但在即时查询的场景下显得力不从心。Spark 也是批处理系统（同时也采用了迭代计算和内存计算的模式），在性能方面优于 Hadoop MapReduce，但在易用性和普及程度上不及 Hadoop MapReduce。

　　在流式计算中，由于无法确定数据到来的时刻和顺序，因此在很多场景下不再对流式数据进行存储，而是在内存中直接对流式数据进行实时计算。2010 年 Yahoo 推出的 S4 流式计算系统和 2011 年 Twitter 推出的 Storm 流式计算系统，极大地推动了大数据流式计算技术的发展和应用。其他有代表性的流式计算系统包括

Scribe、Flume、Spark Steaming 等。

大数据中的图计算非常适用于社交网络、Web 链接关系图等图数据的处理，可以弥补 MapReduce 在图数据处理方面的不足，这些图数据规模很大，常常达到数十亿的顶点和上万亿的边数。针对大型图的计算，目前通用的软件主要分为基于遍历算法的图数据库、以图顶点为中心的消息传递批处理的并行引擎两类，前者的相关产品包括 Neo4J、OrientDB、DEX 和 InflniteGraph 等，后者的相关产品包括 Hama、Golden Orb、Giraph 和 Pregel 等。其中，Pregel、Giraph、Trinity 分别由 Google、Facebook 和 Microsoft 开发。其他的图计算系统还包括 GraphChi、Power-Graph 等。

内存计算目前成为提高大数据处理性能的主要手段。大数据批处理计算系统的代表 Spark 正是立足于内存计算，从多迭代批量处理出发，兼收并蓄数据仓库、流处理和图计算等多种计算范式的典范，并且正在逐步走向商用，与 Hadoop 融合共存。Hana（High-Performance Analytic Appliance）也是内存计算的代表，提供高性能的数据查询功能，用户可以直接对大量实时业务数据进行查询和分析，而不需要对业务数据进行建模、聚合等。

三、大数据分析与挖掘

大数据分析与挖掘是一个交叉领域，它涉及信息检索、人工智能、机器学习、概率论以及数据的相关知识与技术。目前，大数据挖掘与神经计算、深度学习、语义计算以及人工智能等其他相关技术的结合，已经成为热点。

由于大数据的海量、冗余、异构等复杂特点，当前大数据挖掘面临着诸多挑战。一方面，挑战来自大数据的 4V 特征，比如，数据的价值密度稀疏，大数据中包含大量噪声和冗余数据，数据清洗和预处理的难度大，再比如在小样本上有效的算法在大数据挖掘中的有效性问题等；另一方面，大数据挖掘要产生价值必须强调不同数据集之间的关联挖掘，而数据的开放互通和关联构建面临巨大的障碍。在不考虑这些障碍的情况下，大数据挖掘与分析的顺利进行还必须有两个基础：第一，底层数据必须以数字化的形式存在，即数据的创建、存储及用来与数据交互的接口都是数字化、自动化的；第二，从数据到科学家以及再从科学家返回到数据的过程必须自动化，也即整个输入输出的过程必须自动化。

复杂、大规模的数据分析和挖掘是未来的发展趋势，比如，更细粒度的仿真、时间序列分析、大规模图分析和大规模社会计算等，对计算模式提出了更高的要求。

目前应用比较广泛的大数据分析与挖掘系统如表 1-6 所示。

表 1-6 大数据分析与挖掘系统

大数据分析与挖掘系统	特性
WEKA	适用于单机的大数据预处理、挖掘和分析
PMML	适用于医疗和疾病预测中大数据的挖掘、分析
Mahout	基于 Hadoop 的分布式数据挖掘开源项目
Dryad	通过集群处理大规模的数据挖掘，特别适用于有向无环图的数据流
Pregel	基于可扩展的图处理计算模型，适用于挖掘社交图谱等图数据
InfoSphere Biginsights	IBM 推出的用于储存和分析大数据的软件平台
Azkaban	LinkedIn 的作业流平台，支持任何 Hadoop 版本，以及 Teradata、mysql、voldemort 等非 Hadoop 平台

第四节　大数据环境的价值与应用维度

一、大数据与科学研究范式创新

大数据环境催生的数据密集型科学带来了研究范式的创新与变革。澳大利亚的平方千米阵列射电望远镜项目、欧洲粒子中心的大型强子对撞机、天文学领域的泛 STARRS 天体望远镜阵列等科学仪器，每天都会产生几个千万亿字节（PB）的数据。《大数据时代》一书认为天文学是信息爆炸的起源，该书给出了进一步的数据支撑：2000 年斯隆数字巡天（Sloan Digital Sky Survey）项目启动的时候，位于美国新墨西哥州的望远镜在短短几周内收集到的数据，已经比天文学历史上总共收集的数据还要多，到了 2010 年，信息档案已经高达 1.4×242 字节。

再以天文学为例，美国航空航天局（NASA）向公众开放了天文望远镜观测的历史数据资料，促成了一类新型天文学家的诞生，他们不必再仰望天空，只需要在笔记本电脑上使用一定的工具就可以寻找下一个类似地球的行星，比如，全民科学组织 Zooniverse 研发的名为 Planet Hunters 的工具。这表明天文学正产生一种以大数据为根基的分支，在对历史科学实验数据进行挖掘和分析的基础上建立新的理论。这是大数据环境下科学研究范式的重要特征之一。

人们把大数据环境下基于数据密集型科学的研究范式称为"第四范式"，这是科学研究范式演变过程的第四个阶段。这四个阶段分别是：第一阶段是以实验观察为主描述自然现象，以伽利略、哥白尼、开普勒等人的研究为代表；第二阶段是利用模型和归纳进行理论研究，以微积分和经典力学为代表；第三阶段以数学模拟和仿真为主的计算科学研究，以量子力学和混沌理论的发展为代表；第四阶段是在大数据环境下，数据密集型科学从计算科学中分离出来，成为科学研究的第四范式。

第四范式的提出代表着数据科学的兴起和发展，这将深刻改变人类探索世界的思维和方法。天体信息学、生物信息学、遗传工程学、社会学等都会在数据学科的发展中受益。中国科学院院士、美国普林斯顿大学教授鄂维南强调："数据科学将达到与自然科学分庭抗礼的地位。数据科学主要包括两个方面：用数据的方法来研究科学和用科学的方法来研究数据。前者包括生物信息学、天体信息学、数字地球等领域，后者包括统计学、机器学习、数据挖掘、数据库等领域。这些学科都是数据科学的重要组成部分。但只有把它们有机地放在一起，才能形成整个数据科学的全貌。"

第四范式将理论、实验和计算仿真统一起来，由仪器收集或仿真计算产生数据、由软件处理数据、由计算机存储信息和知识、科学家通过数据管理和统计方法分析数据和文档，整个科学研究周期包含数据采集、数据整理、数据分析和数据可视化四个部分。

二、大数据与商业模式创新

从价值与应用的角度，大数据的几个内容维度分别对应了不同的商业机会。Garnter 在 2013 年指出，来自"人的网络"的数据可以提升"客户为中心"力度，在"改善客户体验和社区"方面蕴含着巨大价值；来自"物的网络"的数据可以连接实体（物理）与数字世界，在"增加运营效率、提供创新性移动方案"方面蕴含着巨大价值；来自"数据网络"的数据可以连通信息孤岛，在"分析行为、群体、欺诈和生命周期的规律"方面蕴含着巨大价值。

通过大数据实现商业模式创新的案例很多，Walmart 是其中一个典型代表。Walmart 在商业推理方面，不是采用传统的假设、建模、数据分析的方法，而是通过历史的事件来优化未来的活动，这是从观察分析模式转化成利用历史数据进行综合性分析模式的典型。

Google 搜索结果页面的排序算法通过收集并综合之前的点击流和链接数据来预测未来用户希望看的东西，而不仅仅是基于传统的 PageRank 算法。这一思路在很多大型购物网站的商品推荐中应用得非常广泛，它们没有深究为什么要向用户推荐另一个商品组合，而是关注用户历史记录、网络行为反映出来的偏好本身。Amazon 的个性化推荐系统为它创造了 1/3 的销售额，而这个推荐系统对相关关系本身的关注也远多于对相关关系背后原因的关注。

除了单个企业商业模式创新的案例，还有大数据与"云物移智"的结合，"云物移智"分别是云计算、物联网、移动互联网、人工智能，大数据将继续与这些热点领域深度交叉融合，产生更大的商业和社会价值。

三、大数据与公共服务创新

"开放数据宪章"鼓励世界各国、各地区应分享开放数据的技术和经验，保证数据的采集、标准和发布过程的透明，以便通过开放数据加强民主制度建设和更好的政策制定。同时，政府应标准化数据集的元数据，尽可能以开放的格式、尽可能多地发布数据，并且应该尽量免费，不以任何注册登记等理由设置访问数据的障碍，使得所有人都能够获取和利用。

多个国家在通过政府大数据公开改善公共治理方面做了大量努力。比如，美国前总统奥巴马提出利用大数据技术和政府数据开放运动，创建一个前所未有的开放政府。他于2009年签署了总统备忘案《透明和开放的政府》，在2012年发布了《大数据的研究和发展计划》，都是为了利用大数据改善进行公共服务创新的举措，截至2020年8月，美国已经在其数据开放门户Data.gov上发布了210924个数据集。英国在World Wide Web Foundation的2015 Open Data Barometer上声称自己在政府公开数据的质量与数量上处于领先地位，截至2015年1月，英国的数据开放门户Data.gov.uk包含了将近20000个已发布数据集和超过4000个待发布的数据集。

目前，各国开放的数据集包括：企业登记等公司数据，犯罪统计等安全领域数据，气象、农业、林业渔业和狩猎等地球观测数据，学校名单、学校表现等教育数据，污染程度、能源消耗等能源与环境数据，国家预算、地方预算、交易费用等财政数据，地形、国家地图等地理空间数据，粮食安全、土地等全球发展数据，处方、电子病历等健康数据，基因组等科学与研究数据，人口普查、基础设施建设等统计数据，住房、医疗保险和失业救济等社会保障数据，公共交通等交通运输数据。

这些开放的数据集极大地促进了政府公共服务的创新。2011年，日本福岛核泄漏事件中，日本在网站atmc.jp上开放了国家核监管局的数据，实时展示国家各地辐射量的等级及变化，各级政府部门利用这些数据计划提供紧急响应服务。2014年，美国医疗保险和医疗补助中心公布了索赔数据集，这其中包括了公众保险在医生层面的支出，记者可以依此分析发现潜在的欺诈性交易及收取不成比例费用的医生，进而减少政府腐败。

第二章 现代公共文化服务的基础理论

第一节 现代公共文化服务的内涵

在现代公共服务领域当中现代公共文化服务占据的地位比较重要，在现代社会当中提出的公共服务，指的是构建在既定的涉黑共识基础之上，政府占据主导地位的情况之下，提供的可以对人民群众生存发展基本要求做出一定保证的各种服务，比方说基础公共教育、公共卫生以及基本医疗服务等，上文中提出的这些服务水平都应当可以满足我国社会经济发展进程向前推进的过程中提出的客观要求。假如说针对一种服务是否隶属于公共服务的范围之内展开判断工作的话，应当注意到的问题是这种服务的供应主体和供应主体实际工作的过程中使用到的公共权利和公共资源的性质问题。

对我国人民群众基本文化权利做出一定的保证，是在监理现代公共文化服务机制的过程中应当注意到的首要问题，我国人民群众基本文化权利当中包含的是参与到文化生活当中的权利、享受文化发展成果的权利以及开展文化活动的权利等享有基本公共文化服务隶属于公民基本权利的范围之内，现代政府实际运行的过程中应当承担起来的职责是向我国公民和社会提供一定的基本公共文化服务。

提供基本文化服务，使得我国人民群众提出的文化需求得到满足，是在现代公共文化服务机制建设工作进行的过程中，应当完成的一项基础性任务。耳里提出的"基本文化服务"，并不是让公民的所有文化需求得到满应。目前我国限定的基本文化服务范围当中包含的内容是看电视、公共文化鉴赏以及读书看报等。在上文提出的基础之上，我国人民群众提出的更深层次文化需求应当交由市场来满足，假如说将市场供应的服务转换为政府供应的公共服务的话，那么就从本质的层面上将服务的性质混淆了。其次，"基本文化服务"并不是为了让个别人和少数人提出的要求得到满足，而应当是让社会公共文化需求得到满足。就好像是修建道路以及架设桥梁等向社会供应的公共物品一样，政府之所以在实际运营的过程中会构建公共图书馆和博物馆，也是为了可以让社会公共文化需求得以满足，使得我国社会各个领域中的相关人士享受到应有的权益。最后，"基本文化服务"当中包含的内容、标准以及覆盖面，也是应当在我国社会经济发展进程向前推进的过程中发生一定的变化。

一、"现代"在以下三个方面上有所体现

在基本文化理念领域当中，应当始终将人民为中心这一精神当成指向性精神，文化发展是为了人民群众，文化发展依赖人民群众，最终文化发展的过程中得到的成果交由人民群众共享，在文化建设工作进行的过程中，应当将人民群众放置在主体地位之上，从而也就可以在文化建设工作进行的过程中，将我国人民群众的主体作用充分地发挥出来，引导我国人民群众在文化建设工作进行的过程中充分表现自我。与此同时也应当在人民群众精神文化生活向着丰富多彩的方向转变，社会公共交往向着密切化的方向转变以及培养社会共识的过程中，将公共文化服务体系的作用充分的发挥出来，之所以会构建现代公共文化服务体系，在某些层面上是为了可以使人民群众休闲娱乐需求得到满足，除此之外是通过开展各种类型的公共文化活动，逐渐形成一定的公共文化空间和公共文化生活，以便于在社会公共价值和核心价值形成的过程中起到一定的促进性作用，最终也就可以使得中华民族精神文化生活整体性质量得到一定的提升。

在制度建设领域当中，首先，应当构建出来法治框架，公共文化服务机制领域中的各项制度和程序安排工作，应当应用法律模式确定下来，与此同时也应当将各方共同遵循的规则和行为规范制定出来，针对和公共文化服务之间有一定相互关系的各种类型公共组织机构，各种类型的非营利性质社会组织和市场组织，占据的法律地位是不一样的，与此同时承担的法定责任也不相同，虽然说在现代公共文化服务机制构建工作进行的过程中，应当将各自的职能充分地发挥出来，但是与此同时也应当得到一定的限制和制约。其次，应当让公共文化服务领域中的社会参与体系逐渐完善起来，倡导各种类型的社会主体参与到公共文化服务机制构建工作中去，争取可以在政府和社会以及市场之间构建起来平衡性比较强的社会关系，最终在我国公共文化服务向着社会化的方向转变的过程中起到一定的促进性作用；现阶段我国公共文化服务机制构建工作进行的过程中，以往公共文化服务领域中的供给模式应当由以往的政府单一供应向着多元化的方向转变，争取可以在不久的将来交由政府、企业以及广大人民群众共同供应，与此同时这也是现代公共文化服务和传统型公共文化服务之间的差异性。假如说，开展经济体

制改革工作的任务是为了对政府和市场之间的关系形成有效的控制，那么在文化机制改革工作进行的过程中，应当完成的任务是将政府部门和各种类型文化主体之间的关系妥善处理好，其中包含的内容是公共文化主体和文化市场主体。最终，应当尝试性地在现代公共文化服务机制构建工作进行的过程中逐步引入竞争机制，以便于可以将市场机制的各项性能充分发挥出来，现代公共文化服务领域中施行市场竞争行为的基础上，虽然说在竞争的过程中有输有赢，但是各种类型的服务主体在竞争的过程中使用到的条件应当是相同的。

在现代化技术措施应用领域中，应当使得现代数字网络技术措施得到充分的应用，以便于可以在数字化公共文化服务网络构建工作进行的过程中起到一定的促进性作用，比方说数字公共文化服务平台、数字网络化文化信息管理机制以及特色资源数据库等，在上文提出的这些平台和系统建设工作进行的过程中，数字化技术措施都可以发挥出来一定的作用，可以将各种类型的文化资源有机地整合在一起，最终也就可以使得公共文化服务整体性能水平得到一定的提升。

二、现代公共文化服务机制呈现出来的基础性特征

建设现代公共文化服务机制，可以促使我国治理体系和治理能力逐渐向着现代化的方向转变，由以往的"管理"到现代的"治理"，即便是二者只有一个字的差距，但是需要经过有深度的改革，才可以让这一个目标得以实现：在这里所说的治理，将法治基础、政府职能转变以及多元化主体协同合作放置在比较重要的地位之上，尤其是需要将社会本身当成公共事务治理主体的地位明确确定下来。依据现代治理理念当中提出的要求，逐步构建出来的现代公共文化服务机制应当具备下文中提出的这些基本特征。

服务目标向着均等化的方向转变，均等化是现代公共文化服务机制构建工作进行的过程中应当满足的基本需求。十八届三中全会《决定》中提出要求，"促进基本公共宁文化服务标准化、均等化"。这是在构建社会主义和谐社会以及维护社会公平正义的过程中提出的要求，与此同时也是在全面建设服务型政府的过程中提出的内在需求，除去上文中提出的这些作用只爱我，在我国人民群众精神文化生活向着多样化的方向转变以及提升我国人民整体科学文化水平的过程中，发挥出来的作用都是比较重要的。

首先需要注意到的一个问题是，基本公共文化服务均等化是一个相对的概念，施行均等化政策的目标是为了逐步构建出来城乡一体化基本公共文化服务机制，逐步让公共文化资源在城乡之间和区域之间实现均等化配置这一个目标，以此为基础让区域以及城乡之间的基本公共文化服务差异得到有效的控制，保证我国社会所有成员基本上可以享受到均等的基本公共文化服务权利，尤其是在农村和老

少边穷等区域当中，基本公共文化服务水平应当得到显著的提升，但是上文中所说的均等化其实是相对均等而不是绝对的均等，在实现政策目标的过程中，并不是在公共文化服务领域中实现简单的平均化和无差异。均等化应当在最为基本的公共文化意义层面上实现均等化，具备一定的"基础性保证"性质。现阶段我国仍然李树义社会主义初级阶段包含的范围之内，任意一种公共文化服务高端化和国际化口号在喊出来之前都应当十分小心谨慎。均等化其实处于动态发展状态，在各个阶段中涉及的标准和内容是不同的。因为现阶段我国仍然会受到社会经济发展水平不平衡以及公共财政有效性等因素的影响，因此想要向着公共文化服务均等化的方向转变，需要消耗掉比较长的时间。在现阶段我国政府财政能力水平比较低下的情况之下，社会公共服务均等化应当分层次和分阶段开展，在不同的阶段当中施行的均等化标准和目标之间有一定的差异性。目前应当实现的是我国施行的公共文化服务均等化供应这一个目标。

基本公共文化服务均等化是有一定前提条件，需要使用到一个全国范围之内的基本统一服务标准体系。标准化是实现均等化目标的过程中应当使用到的措施。基本公共服务标准，指代的是在既定的时间范围之内，为了可以使得现行目标实现而在基本公共文化服务领域当中制定出来的有关于服务范围、服务项目以及服务质量上的标准。我国国土面积比较辽阔，因此我国范围之内不同地区的经济发展水平、生活模式等领域中的差异性比较强，因此应当分别制定出来国家和地方两个标准，我国范围之内各个地区都是应当施行国家统一标准和地方选择性标准两项内容，国家负责制定出来统一的基本公共文化服务标准。各个地区在施行国家统一基本标准的情况之下，可以将本地区实际情况当成依据，制定出来有弹性的基本服务标准。除去上文中提出的这个问题，也应当逐渐构建出来基本服务标准领域当中的动态调整体系。

供给主体向着多元化的方向转变，现代公共文化服务机制构建工作进行的过程中，开展的最为基本的制度安排工作就是公共文化服务和产品的生产和供给，这一项制度安排和现代公共文化服务的内容以及整体运作机制之间有比较密切的相互关系。在传统型机制当中，政府是公共文化服务领域当中具有唯一性的供给主体，但是在现代公共文化服务机制当中，政府仍然是会将供应公共文化服务的主要职责承担起来的，但是在上文中提出的政府主导并不意味着是政府包办，也不是说政府是公共文化服务领域当中具有唯一性的供给主体，比方说在我国范围之内各个地区逐步构建出来的政府购买公共文化服务模式当中，政府其实并不是直接履行社会管理和服务职能。而是应当将社会化的某些服务转化为购买和监督管理。在此基础之上政府和社会组织之间形成了一定崭新的契约型合作关系，从而也就可以使得公共文化服务供给效率得到一定的提升。之所以供给主体多元化这个目标具有一定的必要性，那是因为即便是公共文化产品领域中的消费行为，其实也是具备一定的选择性，政府有关部门实际工作的过程中有可能供应人民群众不需要的公共产品，从而也就会衍生出来公共资源浪费问题，就好像是市场领域当中存在"失灵"这样一个问题一样，政府领域当中也有可能存在"失灵"这一个问题。除去上文中提出的这些问题，政府实际运行的过程中还会受到能力水平以及预算等因素的制约，不可能将全部的公共文化服务划归到自身的职责范围之内。所以政府一定是需要在公共文化服务供给模式领域当中进行创新。从而也就可以让公共文化服务供应主体和供应模式向着多元化的方向转变，依据十八届三中全会施行的《决定》当中提出的要求，应当适当地引入竞争机制。促使公共文化服务向着社会化的方向转变。倡导社会力量以及社会资本参与到公共文化服务机制建设过程中去，逐步在实际工作的过程中培育出来一定数控来那个的文化非营利性组织。这是在满足我国人民逐渐增长的公共文化服务需求的过程中应当施行的一项必然性措施，与此同时也是在克服传统体系供应不足、水平不均衡以及质量水平比较低下等问题的过程中应当使用到的措施。逐步在实际工作的过程中，于国家、市场和社会之间向良性互动机制构建出来，除此之外也应当在政府和各种类型文化非营利性质组织以及市场组织之间构建起来一定的合作伙伴关系，这是促使我国治理具体构成结构向着现代化的方向转变的过程中应当施行的措施，与此同时也是构建现代公共文化服务机制的过程中应当使用到的一项必要性措施。

　　运行机制向着民主化的方向转变，之所以运行机制要向着民主化的方向转变，是现代公共文化服务机制呈现公共性以及提升服务绩效水平的过程中，应当施行的措施。由公民基本文化权利到国家保障公共文化服务供应等各个环节当中，民主原则都应当有所体现。参与到公共服务供应领域中的各种类型的机构应当秉承着的是透明开放性原则。十八届三中全会当中指出，需要将不同类型文化事业单位的功能定位工作妥善完成，并逐步构建出来法人治理具体构成结构，逐渐促使公共图书馆、文化馆以及科技馆等文化事业单位组建理事会，并吸收我国社会各个领域中的相关人士当成理事，以便于可以使得我国社会各个领域中的相关人士都参与到文化事业单位管理领域中去。上文提出的这一个要求中蕴含的核心思想是在我国构建出来公共文化服务领域中的民主管理机制，从而也就可以保证公共文化服务单位在实际工作的过程中不会出现公益属性缺失问题，以此为基础使得公共文化服务整体性质量水平和绩效得到一定的提升，与此同时应当使得法人治理具体构成结构逐渐善起来，针对公共文化服务单位领域当中各个利益相关人员的权利、义务和责任展开明确的定位工作，逐步吸收社会各个领域中的代表参与到理事管理结构中去，从而逐步构建出来将公益性质目标当成导向性精神、内部激励机制完整、外部监督管理机制完善的治理具体构成结构及运行机制，从而也就可以使得决策、执行和监督管理三个领域中的工作人员有效的制衡，最终也就可以让我国范围之内各个公共文化服务单位在实际运行的过程中展现出来一定的独立性，与此同时也应当构建出来现代公共文化服务机制领域中的崭新运行机制，除去上文中提出的这个问题，应当逐渐将我国人民群众参与到国家事务管理、社会经济文化事务管理以及自身事务管理工作中去的积极性激发出来。

公共服务向着高效化的方向转变，应当致力于使得服务效能水平得到一定的提升，是我国现代公共文化服务机制发展的过程中应当实现的一个目标。首先应当构建出来的是将需求当成导向性精神的公共文化服务供应机制，在以往由上而下的单一性供应模式的基础上做出创新，逐步依据我国公共文化服务实际情况构建出来由下而上的公共文化需求反馈机制，从而也就可以使得各种类型的公共文化服务供应单位在实际运行的过程中供应人民群众需要的公共文化服务。这也是十八届三中全会当中提出的要求，构建群众考评和反馈机制，逐步让文化惠民项目和群众文化需求之间实现对接这一个目标。只有这样才可以让公共服务本身的有效性水平得到一定的提升。其次应当让基层公共文化服务设施构建工作以及服务能力构建工作的力度得到一定的提升，从而也就可以在全社会范围之内使得公共文化资源共建共享这个目标得以实现，针对公共文化领域汇总管理人员和服务人员展开的培训工作的力度应当得到一定的提升，站在整体的层面上让基本公共文化服务水平得到一定的提升。而后应当在以往基本公共文化服务供应模式的基础上创新，逐步引入竞争机制，积极施行服务购买等模式，以此为基础逐渐形成多元参与和公平竞争的局面，从而自然可以让基本公共服务的整体性质量及效率得到一定的提升。基本公共文化服务向着信息化的方向转变的速度应当得到一定的提升，在实际工作的过程中致力于构建出来数字化公共文化资源数据库以及公共文化服务网络共享平台，逐步提升公共文化信息系统构建工作的力度，以便于可以逐渐在公共文化信息资源整合共享领域当中起到一定的促进性作用。在对现代信息技术措施加以一定的应用的基础上，来对公共文化服务机构管理工作的效率做出一定的保证，使得服务模式领域中的创新性水平得到一定的提升，趋势管理模式和服务技能逐渐向着现代化的方向转变。

管理机制法治化转变，法治化在国家治理机制向着现代化的方向转变的过程中占据核心地位。以往传统型管理机制是将人治和行政化当成主要特征，但是现代治理将法治化和制度化当成是核心内容。公共文化服务机制需要向着现代化的方向转变，那么整个管理机制就应当向着法治化的方向转变，所以应当让公共文化服务领域中的法律法规逐渐完善起来，比较明确地将各级政府公共文化服务责任和各种类型公共文化服务供应主体的权责问题找寻出来，在实际工作的过程中，依据我国公共文化服务机制实际情况，编制出来适应性比较强的工作程序和工作规范，以便于可以在公共文化服务机制建设的过程中提供一定的法治保障；比方说，促使公共文化服务向着社会化的方向转变也过程中，那么是需要构建出来个猴子那个类型文化社会组织的培养、支持以及监督管理机制；比较明确的制定出来社区公共文化服务自主管理职责范围、管理规范程序以及责任担当模式等相关的机制，又比方说，政府有关部门在购买公共文化服务的过程中，需要使用法律、监督管理机制等制度条件来提供保障，逐步使得政府购买公共文化服务领域中的法律法规完善起来，并构建出来规范性比较强的采购程序及相应的制度，明确违反责任之后应当接受的处罚，与此同时也应当构建出来在合同出现纠纷的情况之下施行的法律仲裁机制，构建出来在政府采购的过程中起到监督管理作用的社会监督管理机制等等，逐步将政府采购公共文化服务的过程中涉及的内容、项目以及模式用法律法规确定下来，从而使其逐渐向着法治化和标准化的方向转变。

如上文所述的五个现代公共文化服务机制的特征当中，均等化和高效化隶属于发展目标包含的范围之内，多元化和民主化隶属于体制机制包含的范围之内，法治化隶属于制度保障包含的范围之内。上文提出的这些基本特征之间相互联系、相互作用，并共同对整个现代公共文化服务机制领域中的制度安排工作造成一定的影响。目标已经明确的找寻出来，蓝图也已经绘制出来，那么在日后我国开展的现代公共文化服务机制建设工作会惠及我国范围之内数量众多的人民群众。

第二节　现代公共文化服务国内外研究背景

文化需求是世界范围之内各个国家人民生产生活相关活动进行的过程中提出的基础需求，在人民生活质量水平不断提升的情况之下，人们一般情况之下都会将精神文化需求放置在比较重要的地位之上，从而也就会对公共文化服务建设工作提出更高的要求。现阶段我国范围之内的文化建设工作相较于经济建设工作来说，滞后性显得比较强，文化体制领域中的改革工作深化程度比较低下，当我国行政体制由以往的"经济建设型政府"向着"公共服务型政府"的方向转变的过程中，公共文化服务建设工作发挥出来的作用比较重要，自从2005年我国首次提出"公共文化服务"这一个概念以来，学术领域中的相关工作人员积极针对公共文化服务的含义、主体以及运行模式展开比较深入的研究分析工作。与之相关的公共文化服务理论知识及实践内容逐渐向着多样化的方向转变。但是怎样才可以使得公共文化产品和公共文化需求之间的矛盾变得缓和起来，怎样才可以将公共文化服务推进效率和效果呈现在人们的眼前，怎样才可以在公共文化服务推进进度领域中动态的监督管理，上文所说的这些领域中开展的研究工作并不是十分的深入，甚至在某些严重的情况之下会出现空白这样的问题，笔者在对以往的研究成果加以一定的应用的基础上，逐步将现阶段研究领域当中存在的薄弱环节和日后的努力方向找寻出来，以便于可以在我国公共文化服务建设工作进行的过程中起到一定的借鉴性作用

一、首先针对国外公共文化服务研究实际情况展开分析

（一）由以往的"新公共管理理论"向着"新公共服务理论"的方向转变

"新公共管理理论"是20世纪70年代的时候由英国提出并在欧美等国家当中兴起的有关于政府管理模式的理论知识，它的核心内容是：管理在社会发展和经济持续增长的过程中发挥出来的作用比较重要。新公共管理理论促使改革管理整体向着多元化的方向转变，并使得公共管理措施向着企业化的方向转变，政府在上文中提出的这一个过程当中并不是公共产品和服务的唯一提供者，而是在公共事务领域当中扮演者趋势者和管理者的角色，上文中提出的这一项内容可以促使公共管理有效性水平得到一定的提升，其中涉及的主要内容是：第一，新公共管理理论认为政府掌握的职能应当是"掌舵"而不是"划船"，它将以往传统型政府管理模式影响下的政治和行政相互分离的要求摒弃掉，认为政府有关部门在公共行政管理领域当中应当编制政策而不是执行政策；第二，构建将顾客当成导向性精神的政府，崇尚的是自由化管理模式。政府有关部门实际运行的过程中扮演的是"企业家"这样一个角色，社会公民因为纳税而在政府服务领域当中扮演"顾客"这一角色，当成一个"企业家政府"在实际运行的过程中应当可以供应质量水平高并且多样化的服务，与此同时也应当可以在实际运行的过程中不断产出高效的公共服务；第三，将市场竞争机制放置在比较重要的地位之上。并且也应当在公共部门当中创建市场竞争机制，以此为基础来使得以往政府绩效水平低下的局面得到改善，其所重视的是将公私管理之间的界限逐渐消弭掉，并逐渐将以往公共服务领域中的垄断性消除掉，以此为基础自然可以让更多的私营企业参与到公共服务供应领域中去。

自从进入20世纪80年代之后，西方国家为了可以满足社会发展过程中提出的要求，逐步开始在以往的基础上转变政府扮演的角色，构建出来崭新的政府服务供应机制，希望让政府有关部门和外部主体之间的沟通变得更为密切，当西方国家公共行政和公共服务领域中的改革深化程度不断提升的情况之下，美国公共行政学研究人员珍妮特·丹哈特创建出来的"新公共服务理论"呈现在人们的眼前，新公共服务理论是将西方国家公共部门针对公共行政与公共服务施行改革的基础上发展出来的，它实际上对以往新公共管理理论的一种摒弃。这种理论将以往

"企业家政府"理论知识固有的缺陷摒弃掉的情况之下，提出来了一种崭新的关注公共利益和民主价值，与此同时可以使得现代公共管理实际需求得到满足的理论知识，新公共服务理论认为服务才是政府有关部门的主要职能并不是像以往的理论知识当中提出的"掌舵"一样，它的出现趋势政府有关部门逐步转变自身的职能，逐渐向着服务型政府的方向转变，政府供应服务的目标是为了可以使得自身编制出来的社会发展长期目标，满足社会公共需求，以此为基础在整个公共服务领域当中实现协调发展这一个目标。

（二）当代西方国家施行的公共文化服务模式

20世纪中期之后，西方经济发展水平较高的国家开展的公共文化服务机制建设工，演变为推动创新、促进经济社会发展的一种重要力量，在此背景之下，在各个国家历史性因素、实际国情以及文化差异等因素的影响之下，演变出来了三种不同类型的公共文化服务模式。

第一种是将法国和日本当成代表的"中央集权"抑或是称为"政府主导"的公共文化服务模式，政府在这一个公共文化服务模式当中扮演着的是政策编制者、资金供应者以及生产工作安排者的角色。第二种是将美国当成典型代表的"民间主导"公共文化服务模式，其实就是交由非正式组织和非营利机构开展数量众多的公共文化服务，政府有关部门一般情况下是通过法律法规营造出来一种和谐的公共文化服务环境，以便于可以对各种公共文化活动的顺利开展做出一定的保证。第三种是将英国当成典型代表的"一臂之距"公共文化服务模式，其实也就是政府文化主管部门在实际工作的过程中，并不会直接参与到文化事务抑或是文化经费调度领域中，仅仅会在文化建设、发展和管理领域当中开展宏观政策引导和财政资金注入工作，政府有关部门利用这种公共文化服务模式和民间组织之间构建起来具备分配文化资源、供应文化事务管理以及文化服务性能的合作伙伴关系，

二、我国公共文化服务研究实际情况

（一）公共文化概念的提出

"公共文化服务"这一个概念最早是在《中共中央关于制定国民经济和水发挥在那第十一个五年规划的建议》中提出来的。2005年国务院明确提出，应当让政府文化管理和服务职能水平得到一定的提升，逐步构建出来涵盖这个社会的公共文化服务机制，是我国文化体制改革工作进行的过程中应当完成的一个重要目标。2006年，在《国家"十一五"时期文化发展规划纲要》比较正式地将"提升政府在文化事业领域市的资金投入力度，逐渐构建出来涵盖全社会的比较完备的公共文化服务机制"放置到了"十一五"整体任务目标当中，《纲要》比较详尽地针对

公共文化涉及的内容展开阐述工作，从而也就可以在后续的公共文化服务研究及建设工作进行的过程中发挥出来一定的引导性作用。2007年，在中共中央政治局会议之上明确地将公共文化服务体系建设领域中的指导思想和任务目标找寻出来，在这之后，在党的十七大《报告》当中明确提出提升公共文化服务水平，是为了使人民群众基本文化权益得到有效的保障，也是在实现社会主义文化大发展大繁荣的过程中应当施行的重要措施之一。《报告》也将"涵盖整个社会的公共文化服务体系基本构建成功"放置到了实现全面建设小康社会目标的具体要求当中。2010年，胡锦涛同志于中共中央政治局集体学习的过程中强调"要加快构建公共文化服务体系，按照体现工艺性、基本性、均等性、便利性的要求，坚持政府主导，提升投入力度，推进重点文化惠民工程，加强公共文本还基础设施建设，促进基本公共文化服务均等化"。在以往的几年当中，公共文化服务领域当中涉及到内容、指导思想以及任务目标逐渐完善起来，从而也就可以在我国学术领域中各个研究人员针对公共文化服务开展研究工作的过程中起到一定的促进性作用。

（二）针对公共文化服务的含义展开研究分析工作

自从2005年"公共文化服务"这一个概念提出之后，数量众多的学术人员针对公共文化服务相关理论知识展开研究分析工作，并站在公共文化服务施行主体、服务目标以及服务模式的角度上对公共文化服务的含义作出了解释，典型性比较强的观点是：

陈威认为，公共文化服务是由公共部门或者准公共部门共同生产或者供应的，目标是为了可以让社会成本基本文化需求得到满足，与此同时将提升公众文化素质和文化生活水平当成宗旨，其实也就是为公众供应一定的基本精神文化享受，与此同时也是维持社会生存和发展必需的文化环境与条件的公共产品和服务行为的统称。

王霞认为，公共文化服务为了保障人民群众基本文化需求，使得人民群众层次分明、多样化以及整体性的公共利益诉求得到满足的各种类型的文化机构和服务的统称。

针对上文中所说的这些公共文化服务含义展开研究分析，可以发现的问题是数量众多的研究人员将政府的主导性放置在比较重要的地位之上，也注意到了公共文化服务本身具备的比较特殊的公益性和服务性。但是却将公共文化服务本身具备的更为深刻的含义放置在不必要的地位之上。因为公共文化服务是社会发展过程中对制度环境提出更高要求的情况之下，衍生出来的一种公共服务行为。在现阶段我国环境之下提升公共文化服务水平，不单单应当让公众基本文化需求得到满足，也要在我国软实力提升的过程中做出一定的贡献，现阶段世界范围之内各个国家在各个领域当中的竞争都变得越发激烈起来，逐步构建出来文化认同感以及提升国家的软实力成为各个国家战略领域中的重要构成成分之一，但是在各项研究工作进行的过程中，却没有能够将公众文化服务提升到国家软实力的高度之上。

（三）公众文化服务的构建主体

数量众多的学者针对公共文化服务主体的构建展开了数量众多的研究工作，一般情况之下可以将观点划分为两种类型。第一种观点认为，公共文化服务是交由政府主导，具备比较鲜明文化教育以及普及性功能，与此同时也应当呈现出来一种的公益性，不可以施行市场化的经营管理模式，以便于可以将某些市场经济体制之下的缺陷规避掉，应当让政府有关部门将主导作用充分发挥出来，秉承这种观点的学者有下文中提出的这些：

杨建新提出，公共文化服务机制中的主体建设者应当是党委、政府有关部门，因此公关文化服务机制的构建工作应当交由各级党委和政府有关部门完成，公共文化服务机制的构建工作应当被放置在社会发展以及我国国民经济整体目标当中。

王大为曾经在其著作当中提出过，公共文化服务是应当交由政府主管，政府在公共文化服务事业领域当中发挥出来的领导作用应当不断得到强化，他在著述当中将公共文化服务本身的共有性、公益性、公众性以及共享性放置在比较重要的地位之上。

另外一种观点则认为，在公共文化服务机制构建工作进行的过程中，应当将整个社会的力量全部发挥出来，以便于可以逐渐在实际工作的过程中构建出来一种多元化的公共文化服务模式，在此基础之上灵活应用市场机制，并引入公平竞争模式来使得公共文化服务水平得到改善，而不应当单单依靠政府供给这种单一性模式，政府并不是构建公共文化服务机制的过程中使用到的唯一性主，下文中提出的这些研究人员秉承这一个观点：

李少惠曾经提及，公共文化服务机制构建工作进行的过程中，占据核心地位的是政府，公共文化服务机制构建工作进行的过程中，企业占据竞争参与主体地位，在公共文化服务机制构建工作进行的过程中，占据重要主体地位的非政府组织，在公共文化服务机制构建工作进行的过程中，占据基础性主体地位的是社区。

巩玉丽曾经提及，政府、非政府组织、文化事业单位以及企业是构建出来一个公共文化服务机制的过程中应当使用到的四个方面的内容，四者在公共文化服务机制构建工作进行的过程中承担起来的职责是不同的，假如说想要让公共文化服务机制构建工作的力度得到一定的提升的话，那么应当将政府主导作用充分发挥出来，将公益性文化单位的骨干作用充分发挥出来，倡导整个社会参与到建设工作中去，以便于可以在公共文化服务机制构建工作进行的过程中发挥出来一定的促进性作用。

（四）公共文化服务均等化问题

基本公共文化服务均等化指代的是公共部门和准公共部门为我国社会各个领域中的相关人士提供的基本的，不同阶段中施行不同标准，最终大致均等的基本公共文化服务。如果想要让公共文化服务均等化这一个目标得以实现的话，并比较平等地使得我国社会公众日益光盛的多元化公共文化需求得到满足，就可以在我国城乡差距缩小的过程中发挥出来一定的促进性作用，真正意义上在每个人之间实现平等这一个目标，现阶段针对公共文化服务均等化这个领域开展的理论政策研究工作的数量非常多，其中具备一定代表性的观点是：

在公共文化服务均等化内含界定这一个领域当中，杨永等学术领域中的研究人员认为，公共文化服务均等化指代的是尊重文化自由选择权的基础之上，遵循公平原则当中提出的要求，与此同时将社会文化平均水平当成前提条件，以便于可以在各个区域公民文化需求领域当中供应大致上均等的文化产品及服务。

在公共文化服务均等化目标实现的过程中存在各个层面的相关问题，大部分学术领域中的研究人员认为，现阶段我国范围之内存在的公共服务均等化问题指代的主要是城乡之间的差距比较大。城乡公共文化服务差别化问题比较严重，具体表现是农村基本公共文化服务领域当中的资金投入不是十分的充足，在文化设施以及文化资源领域中也呈现出来一种严重匮乏的态势，人才队伍整体专业素质水平比较低下，除去上文中提出的这些问题，我国农村文化消费领域当中也呈现出来一种持续低迷的态势。

针对上文中提出的这些问题展开研究工作，大部分研究人员从管理、制度以及实践的角度上提出了一些有效的意见。其中主要包含的内容更是，提升农民参与到公共文化活动领域中的意识水平，逐步使得公共文化服务内容向着丰富化的方向转变；在农村公共文化服务机制领域中施行改革措施，逐步依据我国农村公共文化服务机制领域的实际情况，构建出来比较完善的公共财政制度；提升针对农村地区公共文化服务领域中的资金投入力度，等等。

虽然说现阶段我国看很多研究人员针对公共文化服务均等化理论含义、问题以及意见做出了限定，但是针对公共文化服务均等化水平评价以及实际例子展开的研究工作数量比较少，单单有少量的研究人员针对公共文化服务供给领域当中地域之间、城乡之间以及阶级之间发展不均衡问题展开研究分析，以此为基础得到的研究成果是：

陈彪针对浙江省、广东省以及上海市的基本公共文化服务实际情况展开比较分析，并构建出来了基本公共文化服务均等化评价理论模型以及均等化程度评估指标体系。其中包含基本公共我呢化服务能力运行效率评价这一个一级指标以及与之相对应的服务规模、服务质量、资源运行效率、公平公正、可持续性五个二级指标。

宋先龙针对我国范围之内东西部之前的基本公共文化服务之间的差异展开比较分析，遵循"SMART"原则的基础上构建出来了基本公共文化服务均等化指标体系，其中包含的是投入和产出两个维度，以及17个指标相互融合在一起构建出来的评价指标体系，与此同时针对西部地区基本公共文化服务均等化展开实例研究分析工作。在梳理现有的文献的基础上可以看出来的问题是，针对公共文化服务均等化展开的研究工作尚且处于初级发展阶段当中，特别是针对公共文化服务均等化的衡量标准、均等化进程监测以及军的话绩效评价指标体系等实例研究领域中的研究成果数量比较少。现阶段开展的研究工作大多是将概念意义领域中的内容当成研究对象，笔者认为，公共文化服务均等化领域中的研究工作其实是一项任重而道远的任务，在这个过程中应当明确下来的问题是基本公共文化服务均等化统一标准，并应当在实际工作的过程中，逐渐构建出来基本公共文化服务均等化综合性评价体系，只有以此为基础，才可以在我国政府公共文化服务机制构建工作进行的过程中以及基本公共文化服务均等化目标实现的过程中起到一定的促进性作用。

（五）公共文化服务机制构建工作进行的过程中遇到的问题

以往几年当中，我国政府有关部门逐渐向着服务型政府的方向转变，公共文化服务职能呈现出来一种逐步增强的态势，在此基础之上自然会衍生出来公共文化体系这一个崭新的概念。它是不会将赢利当成主要目的，比较公平针对公共文化服务以及资源展开分配，以多层次、多样化的公共文化体系来满足我国社会当中不同群体提出的文化需求。所以构建出来有效性比较强的多层次公共文化服务体系，在我国公共服务型政府构建工作进行的过程中，以及政府公共文化服务职能提升的过程中，发挥出来的作用是比较重要的。现阶段我国范围之内有很多学者也针对公共文化服务机制展开了研究工作，在此基础之上得出的观点是：

杨向明曾在自己的著作当中提出，公共文化服务体系指代的是政府举办的、非赢利性质的、传播先进文化并对我国社会大众基本文化需求做出一定程度保证的文化机构以及服务的总称，其中包含的是文化政策、人才队伍、基础设施、创造发明以及技术技能五个领域中的内容，旨在使得我国社会人民群众多样化、多层次以及整体性的公共利益需求得到满足。

闫平提出，公共文化福机制包含的基本要素是：保证并将公共文化服务维持下去的政策法规、公共文化活动方式、公共文化活动主体，在公共文化领域当中占据核心地位的组织机构以及人才，提供一定物质基础的基础设施建设，提供资金保证的公共文化事业经费，等等。

杨永恒曾经提出，我国公共文化服务机制构建领域中的内容应当包含的是文化投入、文化设施、文化队伍以及文化绩效，等等，具体包含的是让公共文化服务供给提示完善起来，在提升公共文化设施建设的基础上来对硬件基础做出保定，提升公共文化产品创作工作的力度，持续的使其内容丰富起来，提升科学技术措施以及现代传播措施的应用力度，逐步构建出来高素质水平的公共文化人才队伍，逐步在以往的基础上让技术支撑在制度设计、探寻公共文化服务体系等领域中发挥由来的作用得到强化，除去上文中提出的这些问题，针对特定区域以及特殊群体施行一定的文化关怀政策。

郑孟七曾经提及，公共文化服务机制主要包含两个层面上的内容，那就是文化生产力发展以及公共文化谁是建设，以便于可以在我国各种类型社会文化活动开展的过程中提供一定的服务保证。

虽然说有数量众多的学者针对公共文化服务体系展开研究工作，但是这个领域当中仍然是存在一定的问题的。

首先，数量众多的研究人员是将公共文化服务的基础保证当成出发点，比方说基础设施、人才队伍以及政策建议，等等，并在此基础之上构建公共文化服务机制，但是却将维持公共文化服务机制长效发展的保障机制以及应对特殊环境和特殊群体的应急机制放置在一个不是十分重要的地位之上。所以笔者认为，公共文化服务体系除去应当包含基础的保障提示，也应当包含的内容更是将特殊群体当成对象的文化服务体系以及维持可持续发展的保障体系。假如说想要在公共文化服务领域中实现均等化这一个目标，一定需要将社会各个层面上的内容放置在比较重要的地位之上，也应当予以我国范围之内各个区域的人民充分的重视，特别是特殊人群以及农村偏远地区的人群，因此将特殊区域以及特殊群体当成对象的文化服务提示是公共文化服务体系构建工作进行的过程中应当注意到的比较重要的问题。

其次，数量众多的学术人员在研究工作进行的过程中将公共文化服务体系的中间环节放置在过于重要的地位之上，比方说基础设施保障、人才队伍保障以及技术支撑等，但是将整个体系的出发点这一个环节忘记了，那就是公共需求反馈以及收集环节。这一个环节在公共服务体系当中占据的地位比较重要，只有在对群众的公共需求形成全面且明确的了解的基础上，才可以更加顺利地开展后续的各项工作，除去上文中提出的这一个问题之外，在我国整个公共文化服务系统具体构成结构当中，公共媒体的作用其实并没有充分地发挥出来，公众可以直接参与到其中的系统环节数量非常少，群众的需求想要表达出来的难度自然会显得比较高，上文中提出的这些问题其实都印证了我国公共文化服务系统当中仍然是存在一定的问题的。

最终，大部分研究人员针对公共文化服务体系构成要素展开研究分析的过程中，仅仅是独立的针对各个系统构成成分展开研究，却将各个系统之间的联系忽视掉，因此自然会在结构上出现一定的断层，所以笔者认为，公共文化服务机制领域中的研究工作深化程度有待提升，在日后的研究工作进行的过程中应当将各个体系之间的系统性联系放置在比较重要的地位之上，以便于可以使得各个体系之间有机地相互融合在一起，从而在日后公共文化服务机制构建工作进行的过程中，发挥出来更为重要的作用。

（六） 公共文化服务建设指标体系以及绩效评价问题

为了可以更加有效地将公共文化服务进度以及落实效果呈现在人们的眼前，动态地针对公共文化服务推进速度展开监督管理，数量众多的研究人员针对公共文化服务建设指标体系以及绩效评价机制展开研究分析，但是数量众多的研究工作仍然是局限在理论分析领域当中，实践领域中的研究成果并不是很多：

英国国民指标体系是中央政府考核各个地方政府公共文化绩效的过程中使用到的唯一指标体系，这一个指标体系当中包含的大致两百个指标，21世纪初期出版的《世界文化报告》当中构建出来了6个文化指标，其中包含的内容是文化活动和趋势、文化发展脉络、文化习俗和遗产、文化协定、翻译以及文化贸易和传播趋势。

中国台湾地区在联合国教科文组织统计项目当中将和本地文化服务相适应的指标筛选出来，并将中国台湾地区经济文化发展实际情况当成依据，研究出来了数量众多的适用于本土的适用性指标，并在此基础之上提出了"台湾文化指标"，以此为基础针对中国台湾地区的文化服务施行绩效评价。

沈望舒提出了10项指标去衡量公共文化服务绩效，其中包含的是公共文化产品与服务内容指标、社会需求程度指标、资源状态指标、文化与科技含量指标、机构职业素质指标、服务功能效益指标、社会满意度和成本运行状态指标、专业技术质量指标、行为流程规范性指标、资金运用情况指标。

毛少莹站在发展规模、社会参与、运作机制、政府投入以及公众满意度的角度构建出来了公共文化服务评级指标机制，并在此基础上设计出来了数量众多的二级指标，以便于可以在公共文化服务绩效评估工作进行的过程中，发挥出来一定的促进性作用。

向勇从两个角度构建出来了公共文化服务绩效评价模型，其中包含的是公共文化服务任务结构模型、公共文化服务绩效测评模型，与此同时也针对例外因素展开评估工作。

蒋建梅从文化对经济、社会发展反作用整体指标、公共文化服务的有效供给指标以及公共文化服务的保障指标三个角度上构建出来了政府公共文化服务绩效评价机制体系。

现阶段产生的公共文化服务体系绩效评价指标体系领域的研究成果，即便是可以在推动实践的过程中发挥出来一定的指导性作用，但是却缺乏与之相适应的实证分析检验，难以及时针对现有的指标进行优化调整，因此有一些指标的准确性。科学性在实践层面上呈现出来有待提升的态势。

三、现阶段产生的成果暴露出来的问题以及未来一段实践的研究展望

在我国社会经济发展进程向前推进的速度比较稳定的背景之下，我国人民的生活质量水平可以得到一定的提升，人们往往会将精神文化需求放置在比较重要的地位之上，并对公共文化服务提出一些崭新的需求。现阶段各个领域中的研究人员针对公共文化服务内含、构建主体、服务模式等层面展开的研究工作数量不断地提升，公共文化服务的理论及实践也不断地得到丰富和发展。从整体的层面上进行分析，学术研究相较于建设实践来说，仍然是会呈现出来一定的滞后性，在和社会各个领域中的相关人士对公共文化服务提出的需求进行一定的相互比较的基础上，现阶段的研究工作当中仍然有一定的不足之处，往往在下文中提出的这几个层面上有所体现：

理论层面上的问题研究的不够深入，目前仍然是处于摸索和探寻阶段当中，针对公共文化服务及其均等化概念、内含以及构建主体展开的研究工作，往往是一般性论述工作的数量比较多，并且大多是针对某一个领域展开的研究工作，开展的系统性研究工作的数量比较少，不管是概念、理论框架还是实际研究方法等都不是十分的完善，也没有构建起来公共文化服务基本理论框架机制。从整体的层面上进行分析，我国现阶段理论问题研究实际情况是，实践经验总结数量比较多、理论知识阐述比较少；规范研究数量比较多；实证调查工作比较少；定性研究数量比较多，定量研究数量比较少；口号形式内容数量比较多，有一定应用价值的研究成果数量比较少。

定量化研究工作呈现出来一种任重而道远的趋势，当针对公共文化服务指标体系展开研究的过程中，并没有逐渐构建出来要素和系统结构的分析，因此会使得选取的指标不是十分的全面、不是十分的系统化，并且现阶段得到的理论成果缺少实证分析来检验，某些指标的准确性水平比较低下；与此同时，也对没有针对公共文化服务均等化标准问题展开明确的研究工作。除去上文中提出的这一个

问题，针对公共文化服务均等化以及绩效评估模型方法展开的研究工作的数量也比较少，从而典型性比较强的实证研究的数量就会显得更少。

没有针对公共文化服务建设路径以及发展模式展开过度的研究工作。当针对公共文化服务领域中的政策建议展开研究分析的过程中，大多数学者都会将我国当成一个整体展开研究分析工作，但是却将各个区域之间的差异性忽视掉了。当成一个非均质大国经济体，肯定会在发展阶段、产业基础以及资源禀赋等跨领域当中存在一定的差异性，我国范围之内各个地区在公共文化服务体系建设工作进行的过程中，面临着的问题依据约束条件是各不相同的，也会在此基础之上提出不同的政策需求，但是现有的成果难以使得实践需求得到满足。

针对上文中提出的我国公共文化服务研究领域中存在的不足之处，笔者认为，今后的研究工作进行的过程中，应当重点使得以下几个方面的研究工作力度得到一定的提升：

首先针对公共文化服务理论框架体系展开的研究工作力应当得到一定的提升，虽然说我国目前的研究成果已经对理论问题展开了数量众多的研究工作，但是这些研究工作仅仅是局限在一个领域当中，急需从整体的层面上针对公共文化服务的各个领域展开系统性的研究工作，以便于可以比较科学合理地构建起来公共文化服务理论框架体系。

针对公共文化服务均等化以及绩效评估指标体系与衡量标准问题展开的研究工作，应当将公共文化服务体系建设实际情况当成依据展开各项指标编制工作。在定性研究工作完成的基础之上，应当使得将指标体系和测度方法当成重点内容的定量研究力度得到一定的提升，在对定量化测度措施加以一定的应用的基础上，针对我国范围之内不同区域当中的公共文化服务建设绩效及其均等化问题展开纵向和横向的比较分析，以此为依据找寻出来各个区域之前的优势、劣势，以便于可以在我国范围之内各个地区公共文化服务体系建设工作进行的过程中提供有效性比较强的数据信息支持。

应用研究以及实证研究的力度应当得到一定的提升，将国情、省情以及市情当成依据针对各个地区公共文化服务建设实践经验进行总结并展开讨论分析工作，以便于可以找寻出来适应性比较强的公共文化服务体系建设模式。与此同时，应当将公共文化服务向前推进的过程中涉及的差异性放置在比较重要的地位之上，并在对不同区域当中的文化资源特征以及经济文化实际情况进行一定的相互融合的基础上展开对策研究工作，以此为基础在我国公共文化服务建设工作进行的过程中起到一定的促进性作用。

指标内容涵盖的内容不是十分的充足，已有的研究将公共文化服务国家战略发展角度当成出发点的比较少。现阶段的研究工作针对公共文化服务以及公共文化服务指标体系的概念界定仍然存在一定的问题,针对公共文化服务内含展开的研究工作深化程度应当得到一定的提升。公共文化服务指标习题的覆盖面以及认可程度等领域当中仍然是存在着比较广泛的研究空间。假如说在实际工作的过程中没有考虑到其他主体在公共文化服务体系建设过程中发挥出来的积极性作用,抑或是评价指标没有能够从公共文化服务体系功能的广阔角度之上展开设计工作,等等。

指标构建技术和方法上没有充分的创新。在已有的研究成果当中,具备一定代表性的系统性研究成果的数量并不是很多,指标构建过程中使用到的政策目标是比较模糊的,指标选取工作的随意性也比较强,以此为基础构建出来的指标系统过于冗杂,也难以找寻到有效性比较强的资料数据起到支撑性作用,在技术和方层面上没有得到应有的创新,之所以会出现上文中提出的这些问题,是因为我国公共文化服务评价指标体系构建工作进行的过程中,没有找寻到系统、科学的方法论发挥应有的指导作用,与此同时也没有系统性比较强的理论研究体系和研究框架。首先需要找寻到的是方法论层面上的研究工作,其次应当具备一定的规范和价值研究,最终应当开展的是实例和方法研究,只有对前面三者的研究深化程度做出保证,才可以衍生出科学合理的公共文化服务体系评价指标。

指标体系领域当中的研究工作仅仅局限在讨论层面之上,和实际应用之间仍然有一定的距离,所以需要开展更深层次的研究工作,以便于可以构建出来一套。从客观的层面上将新型程占华背景之下公共文化服务体系建设实际情况呈现出来的评价指标,在公共文化服务体系建设工作进行的过程中提供一定的服务,最终在新型城镇化发展进程向前推进的过程中做出一定的贡献。

第三章　我国公共文化服务的实践

第一节　公共文化服务取得的进展及成效

一、历程

我国公共文化服务的实践最早可以追溯到民国时期，当时出现了社会教育馆和民办图书馆。最早的博物馆是南通博物苑，由清末状元张謇于1905年创建。这是我国第一座公立博物馆。新中国成立以来，公共文化服务体系建设随着时代变化经历了一个曲折发展的道路，人们对公共文化服务的认识也在不断深化。

（一）奠基与曲折时期

新中国成立后，我国即建立了计划经济体制下的公共文化产品生产与分配体系。政府对公共文化服务的重视体现在对群众文化事业的推动和对图书馆建设的关注。文化部先后于1953年、1955年、1956年发布了《关于整顿和加强文化馆、站建设工作的指示》《关于加强和改进图书馆工作的指示》《关于群众艺术馆任务和工作的通知》，明确了文化馆、图书馆、群众艺术馆的性质和工作任务。一个以省（区、市）群众艺术馆、县文化馆、乡镇文化站、农村俱乐部为核心的多层次的群众文化组织管理体系逐步形成。各地文化馆站配合中央关于文化宣传活动的部署，开展了丰富多彩的文化活动。与此同时，公共图书馆也得到了发展，数量逐年增加，到1957年达到400个。1957年之后，群众艺术馆的发展受到了影响。

（二）破坏与低落时期

"文化大革命"十年浩劫，群众文化工作受到严重冲击，文化设施遭到破坏，队伍也受到损失。

（三）复苏与发展时期

十三届三中全会以后，我国公共文化事业掀开了新篇章。中央及有关部门下发了开展《关于关心人民群众文化生活的指示》《关于活跃农村文化生活的几点意见》《关于加强城市、厂矿群众文化工作的几点意见》，推动了群众文化事业的繁荣。1980年，中央书记处召开会议，就图书馆事业发展做出了决定。中央在制定"六五"计划时，提出了"县县有图书馆、文化馆，乡乡有文化站"的目标。许多地方党委将文化设施建设列入了工作日程。到80年代末，一个以县文化馆为龙头、以乡镇文化站为枢纽，农村文化室和农村文化户为基础的群众文化网络已经形成，城乡群众文化活动日益活跃。

（四）改革与探索时期

1992年邓小平南方谈话和十四大召开开启了我国改革开放的新时代。文化部门的工作思路由办文化向管文化转变。20世纪90年代，文化部开展了对图书馆的公共文化机构的评估定级，实施了边疆地区文化长廊建设工程、知识工程、针对少年儿童的蒲公英计划等惠民工程，组织评选文化先进县以推动各地党委政府推进基层文化建设。90年代后期，以"基本阵地、基本队伍、基本内容、基本活动内容和方式"为重点加强基层文化建设。

（五）公共文化服务时期

十六大之后，文化改革发展进入新阶段。"公共文化服务"的概念在中央文件中正式提出，人们对公共文化服务的认识更加清晰，文化部门的管理理念逐步更新。十六届五中全会决定、十七大报告、十七届六中全会决定、十八大报告等重要文件都把"构建公共文化服务体系"作为小康社会的重要目标。十八届三中全会更是提出了"构建现代公共文化服务体系"的任务。在实践中，文化行政部门、广播电影电视部门、新闻出版部门都努力推动公共文化服务体系建设。相关政策法规体系建设也在推进。可以说，这一阶段彻底摆脱了计划经济体制的巢窠，进入以公共产品理念、服务政府理念为支撑的"公共文化服务"时代。

二、开展的工作

（一）加大投入力度

中央财政对公共文化服务的投入不断加大。"九五"期间，中央财政对地方各项文化工程投入"九五"期间只有5500万元，"十五"达到8.11亿元。仅2009年，中央财政对地方各项文化工程投入总量就达30多亿元。2013年落实部门预算与中央补助地方专项分别为45.21亿元和42.8亿元，较上年增长27.46%和10%。设置了国家大剧院等重大文化设施专项资金、乡镇综合文化站进行设备购置专项资金、县级图书馆、文化馆修缮专项资金，城市社区文化中心（文化活动室）设备购置专项资金、向西部地区文化站赠送电脑专项资金和地市级文化设施建设资金。公共文化设施免费开放后，中央又拨付了专项补助资金，2008—2011年，中央财政累计投入100亿元以上支持免费开放。

（二）建设公共文化设施

1.建设重大文化设施

国家大剧院、国家博物馆等建成使用。各地也建设了博物馆、图书馆、文化中心等标志性文化设施，比如，首都博物馆、天津文化中心、河南省博物院、陕西博物馆、湖北省博物院、山西省图书馆、甘肃省博物馆、深圳音乐厅、广西民族博物馆、新疆维吾尔自治区图书馆、西藏自治区博物馆等。

2.完善基层公共文化服务网络

文化部门积极开展县图书馆、文化馆、乡镇综合文化站和城市社区（村）综合文化室建设，目前，我国已建成了图书馆体系、博物馆体系、文化馆体系和数字文化服务体系，基本形成六级公共文化服务网络，共有3589个公共博物馆、200多个美术馆、3076个县级以上公共图书馆、3301个文化馆和40575个乡镇（街道）综合文化站。广播影视部门积极构建农村广播影视公共服务体系，加大广播电视传输覆盖率，开设针对农村、农民、农业的专业频率频道，组织专门的农业节目。完善固定电影和流动放映等设施，开展流动电影放映服务。

（三）实施文化惠民工程

1.送书下乡工程

该工程自2002年启动，文化部、财政部组织实施，国家图书馆具体承办，主要解决贫困地区基层图书馆藏书少、经费短缺问题。财政部拨付资金，先后向近600个贫困县图书馆和乡镇图书馆（室），赠送农村使用图书近1000万册。

2.全国文化信息资源共享工程

该工程从2002年4月开始实施，其目的是依托各级图书馆、文化馆等公共文化设施，通过互联网、卫星网、广播电视网、无线通信网等手段，建设各级服务点，努力消除数字鸿沟，保证农民群众基本文化权益。目前已经建成2843个市县中心，29555个乡镇（街道）服务点，60.2万个村（社区）服务点，资源总量200TB。共享工程的实施，丰富了公共文化服务的方式和手段，提升了公共文化服务质量。

3.数字图书馆工程

数字图书馆是网络环境和数字环境下图书馆新的发展业态，它利用现代信息技术，对海量分布的数字资源进行整合，形成有序整体，通过各种媒介提供高效服务，使人们能随时随地获取信息和知识。一些发达国家乃至发展中国家陆续将数字图书馆建设作为国家信息基础设施的重要工程和国家级战略进行研究开发。我国自1995年开始进行数字图书馆的研究与试验，2001年，我国第一个数字图书馆项目国家数字图书馆项目开始立项。2011年文化部、财政部开始组织实施数字图书馆推广工程，建设数字图书馆虚拟网、分级分布式数字资源库群、数字图书馆基础软件支撑平台和数字图书馆服务平台。目前已在33家省馆、374家市馆全面实施，市级以上公共图书馆数字资源约6000TB，120TB的数字资源供全国读者免费阅览。该工程预计在2015年完成工程建设项目。

4.公共电子阅览室建设计划

公共电子阅览室是依托计算机技术、网络通信技术，利用文化信息资源共享工程各级服务点、图书馆、文化馆，以及具备条件的工人文化宫、少年宫、妇女儿童活动中心、乡镇（街道）文化站、社区文化中心（村）文化室、学校、工业（产业）园区等，提供集互联网信息查询、文化共享工程资源库的信息服务、休闲娱乐等于一体的现代化多功能公共文化服务场所。自2009年下半年，在9省（市）开展试点。2012年2月，正式印发并实施《公共电子阅览室建设计划》。目前已建成28639个公共电子阅览室。

5.农村电影放映工程

农村电影放映工程由国家广电总局和财政部组织实施，主要内容是采取企业经营、市场运作、政府买服务的方式，每月为每个村放映一部电影。2006年全年放映电影422万场，观众超过14亿人次。

6.广播电视村村通工程

该工程自1998年开始启动，由广播电影电视部门总局和财政部组织实施，投入近百亿元，完善广播电视节目发射接收设施，使每个村都能接收广播电视信号，人们能看到电视节目、收听广播。2006年底对11.7万个已通电的行政村和10万个超过50户的已通电自然村实施广播电视覆盖。之后，又推动实现71.6万个20户以上已通电自然村通广播电视。到2010年底，全面实现20户以上已通电的自然村全部通广播电视。

7.流动舞台车工程

为解决基层群众看戏难及文艺表演团体下乡难的问题，文化部、财政部联合实施流动舞台车工程，2005—2010年，中央财政每年安排5000万元专项经费，共购置配送近1000辆流动舞台车，无偿配送给基层文艺院团。

8.农家书屋工程

该工程2006年开始由新闻出版署、财政部组织实施，在农村地区建设农家书屋，解决农民买书难、借书难、读书难的问题，提高农民文化素质。

（四）开展公共文化服务示范区建设

这项工作自2011年初启动，文化部和财政部共同组织实施。其目标是通过一批示范性项目，推动公共文化服务体系建设。十七届六中全会《决定》和国家"十二五"时期文化改革发展规划都明确提出要推进此项工作。目标是到"十二五"末，我国三分之一的地市级区域将建成公共文化服务体示范区，还有一批在某一方面取得突破的示范项目。

第一批有个31示范区和45个项目入选，31个示范区均成立了以市委、市政府主要领导为组长的创建工作领导小组。各示范区城市和示范项目单位在资金投入、设施队伍建设、体制机制建设等有了大量突破。各示范区都立足本地实际，全面系统规划，统筹硬件软件建设、城乡、服务资源、服务方式，推动重大公共文化设施项目建设，加强了基层文化队伍建设。各示范区还针对经费保障、资源整合、社会力量参与、标准规范、绩效评估、公共文化数字建设等问题进行制度设计。各地探索出了很多有益经验和模式。32个城市和57个项目列入第二批创建名单。

（五）推动公共文化设施免费开放

2008年开始，中宣部、财政部、文化部、国家文物局等部门开始推行公共文化设施免费开放，制定了具体工作方案，拨付专项补贴经费。目前，全国文化文物部门归口管理的公共博物馆、纪念馆和爱国主义教育基地全部实行免费开放，国家兴办的公共图书馆、文化馆（站）、美术馆实现了无障碍、零门槛进入，设施场地免费开放，基本服务项目免费。一些民办图书馆、博物馆也实现了免费开放。有关部门正在推进科技馆、青少年宫免费开放。免费开放使公共文化设施服务人次明显增长。2008—2012年，全国博物馆接待观众人次分别为3.54亿、4.32亿、5.21亿、5.67亿、6.7亿。2011年全国公共图书馆总流通38150.92万人次。这项措施，有利于提高公民素质，推动文化发展成果的共享，受到社会公众的广泛好评。

（六）深入开展文化惠民活动

各级艺术院团经常开展送文化下乡惠民演出。2013年，中直院团"三下乡"为30余万基层群众送去近80场免费演出。"高雅艺术进校园"演出237场，近40万高校师生受惠。大地情深系列活动和春雨工程等文化志愿服务实施项目120多个，举办活动382场，受益群众近百万人次。

（七）推动公共文化服务均等化标准化

多年来，文化部、财政部、广播电影电视、新闻出版等部门注重将资源向农村地区、边疆、少数民族地区、贫困地区倾斜。目前已建立了文化部牵头的协调机制，拟定了基本公共文化服务的有关标准和贫困地区公共文化服务体系建设工作初步方案，并把农民工公共文化服务纳入体系。例如，浙江省面向特殊人群实行"文化低保工程"，从2008年开始，省财政每年安排600万元活动经费，重点向弱势群体开展公共文化服务。东阳市按农民工人均每年12元的标准，设立农民工文化活动专项经费。

（八）加强公共文化服务队伍建设

一是对基层人员进行了系统培训，提高了基层公共文化服务工作者人员的整体素质和业务技能。二是积极推动公共文化服务志愿队伍建设。自2010年开始，文化部组织文化志愿者在基层和边疆地区，以大讲堂、大舞台、大展台为主要形式，面向基层和边疆民族地区，在各级公共文化服务设施、广大城乡基层群众之中，广泛开展文艺演出、文化艺术知识普及、技能辅导和展览展示等形式多样的文化志愿服务活动，边疆群众近百万人次受惠。2014年3月，文化部发布中国文化志愿者标识，标志着文化志愿者机制进一步完善。

三、有关典型做法

（一）完善公共文化服务网络方面的创新

1.江苏省张家港市的网格化管理

江苏省张家港市通过在社区（村）之下设立文化网格，增加了公共文化服务层级，建立了覆盖全市的市、镇、村（社区）、网格四级公共文化服务网络。

2.浙江省嘉兴市的图书馆总分馆体系

浙江嘉兴市以创建国家公共文化服务体系示范项目——"城乡一体化的公共图书馆服务体系建设"为契机，在"大嘉兴"范围内形成公共图书馆总分馆体系，建设"中心馆——总分馆体系"、乡镇分馆向村级延伸、组建跨系统的图书馆服务联盟，整合了文化资源方面。

3.文化圈

为了使公众更加便捷地享受公共文化服务，各地都在探索缩小服务半径的有效模式。北京市朝阳区、上海徐汇区、湖南长沙、安徽马鞍山、重庆渝中等12个创建示范区建成了"十五分钟公共文化服务圈"或"十分钟公共文化服务圈"。天津市和平区建成了"五分钟城市公共文化服务圈"。

（二）满足人民文化需求的方式创新

1.菜单式服务

上海列出公共文化服务的项目，供群众选择，根据群众意见进行相应的提供。

2.大村模式

云南省以"文化乐民、文化育民、文化富民"为主题，在腾冲县中和大村等68个村试点开展了"文化惠民示范村"创建活动，充分发挥农民群众在村级文化建设中的主体作用，创建了农村文化建设的"大村模式"。大村村委会把自发的、分散的农民业余演出队组织起来，成立了"农民演艺协会"，制定了章程，选举了理事会成员，实行自我管理，指导成员单位制定发展规划和活动计划，开展培训和辅导，组织公益性文艺活动，推动群众性文艺活动的健康发展，服务农村。

3.公共文化服务包

云南省昆明市在2012年全面推广把原先不同部门的服务项目进行集中管理，形成一系列不同层次、不同类别的基层公共文化服务项目。例如，把公共电子阅览室开放、书报刊借阅、文艺骨干培训、公益文化展览讲座、群众文体活动等11个方面的服务项目，整合为乡镇（街道）综合文化站集中提供的级别公共文化服务；把农家书屋维护、群众文艺演出、文化志愿服务等9个方面的服务项目，整合为村（社区）文化活动室集中提供的基本公共文化服务；把大型文艺演出、流动图书馆服务、公益性电影放映等五方面的服务项目，整合为县（市、区）文化馆、图书馆、体育馆等专业服务机构集中提供的重大公共文化服务。

4.文化礼堂

浙江省在全省建1000个"文化礼堂"，整合基层公共文化资源，集中提供服务。

5."五个一"标准

广西壮族自治区来宾市的文化部门着力建设村级公共服务中心，每个村都有一个篮球场、一个文艺舞台、一栋公共服务综合楼，组建一支农民文艺队、一支农民篮球队，为村民提供了读书培训、自娱自乐的平台。

6."文化加油站"流动服务

浙江衢州以"文化加油站"为主要形式推动流动公共文化服务，在全市农村建成以城区公共文化设施为源泉、流动文化大篷车为流动驱动、农村文化礼堂为辐射服务区的覆盖所有行政村的体系。

（三）服务提供方式的创新

1.委托管理

这是公共文化服务社会化的创新。部分地区开展重大公共文化活动，或向社会招标，由中标企业来进行活动组织实施，或由主管部门组织活动企业提供赞助的方式，形成主管部门节约成本、企业形象提升、群众受益的共赢局面。

2."公益文化项目推介活动"平台

烟台市从2003年以来，按照"部门协调，市场运作，社会参与，群众受益"

的思路，实行公益文化项目推介，吸纳社会资金发展文化事业。

3.政府购买公共文化产品

浙江省通过公开招标、邀请招标、竞争性采购等方式向社会购买一批重点项目，低价或免费向群众提供。以"零门槛"方式面向全国公开招标公益文化活动项目。目前，已培育了一批政府采购的公共文化产品品牌。台州市每年编制《政府年度采购公益性文化产品和服务项目目录》，对农村数字电影、文艺下乡等公益性文化项目实行政府采购，直接送到农村。

4.政府通过中介组织提供服务

上海市由政府出面组建了一批公共文化中介组织，重点打造了"东方系列"公共文化产品的生产和配送系统。在政府组建的中介机构外，还出现了由社会力量举办的专业化公共文化服务组织，如上海华爱社区服务管理中心。该中心由国内知名社会学家和社会管理专业人才出资成立，负责管理社区服务设施及其他事务，组织学习交流。

5.扶持民办博物馆

宁波市鄞州区政府针对本区民办博物馆较多的情况，率先在全国出台了鼓励政策，包括：建设用地享受国办公益性文化机构同样的政策，由政府无偿划拨；政府财政出资补贴民营博物馆的运行。依托企业、景区、生产基地，开办民办博物馆，形成蓬勃发展的良好态势。

第二节　公共文化服务存在的问题及原因

一、我国公共文化服务体系建设存在的问题

（一）财政支持体系不够完善

1.投入总量偏低

文化文物部门的文化事业费总量偏低，占国家财政支出的比重，"八五"时期为0.5%，"九五"时期为0.45%，"十五"时期为0.39%，"十一五"时期是0.38%。与教育、科技、卫生等社会事业领域的事业费相比，存在很大差距。例如，2008年全国文化事业费为248.04亿元，占国家财政总支出的0.39%，而同期教育事业费达到8937.9亿元，占14.32%；卫生事业费达到2722.4亿元，占4.36%；科技事业费达到2108.3亿元，占3.38%。2012年，全国文化事业费总计480.10亿元，占国家财政总支出的0.38%，而同年教育经费支出达到21994亿元，占国家财政总支出的17.4%。

2.支出结构不合理

政府财政投入用于人员工资、日程运行等维持性开支占比高，发展经费占比小。另外，也有一些地区超前消费，建设了享乐型文化消费设施，财政支出没有用于公众基本文化需求。在资金使用过程中，还存在重资金分配、轻监督管理的问题，一些文化项目的评估监督机制不健全，导致资金使用效率低下。

（二）公共文化资源配置不足与不均衡问题并存

从总体上看，公共文化服务资源仍然匮乏，人均公共文化资源占有量较低，难以满足基层人民群众的基本需求。以公共图书馆为例，国际图联标准是每5万人拥有一座公共图书馆，人均藏书量1.5~2册。而我国平均40多万人拥有一座公共图书馆。2000年，全国共有公共图书馆2675个，人均藏书量0.3册。2012年拥有公共图书馆3076个，全国人均藏书量仅为0.58册，远低于国际图联标准。另外，公共文化资源的配置存在结构上的不均衡不合理，导致广大民众无法共同享有文化成果。

1.文化资源配置城乡之间不平衡

长期以来，财政投入用于农村地区的比重一直较低，用于农村公共文化服务的更少。优势资源基本集中到了城市，农村文化处于边缘化的境地。近年来，虽有所好转，但仍存在不平衡。"十一五"时期，我国文化事业费对农村地区的投入分别占总投入的28.2%、28.2%、26.8%、29.4%、31.2%，二元结构现象非常严重。"十二五"时期，对农村地区的文化投入逐步增加，但依然少于对城市的投入。2011年，各级财政对县及县以下农村文化投入占到全国文化事业费的47.7%。投入不足，严重制约了农村基层公共文化服务体系的发展。

2.资源配置区域间不平衡

受经济发展水平、自然禀赋差异和历史文化传统等多种因素的影响，文化发底的地区差异较大，不同区域公民享受文化产品和服务上的不均衡性非常突出，从发展程度看，东部地区最好，西部次之，中部地区最差。中央对贫困地方有一定的文化投入，但地方配套资金难以到位，导致有些设施不达标或建不成。例如，上海人均文化事业费一直名列前茅，2005年、2010年、2011年分别为44.54元、80.92元、103.1元，排名分别为第一，第二，第一。位于中部地区的湖南，这几个年度的人均事业费分别为5.5元、13.11元、14.98元，排名分别为26名、28名、29名。2007年，上海人均文化事业费是71.02元，人均拥有公共图书馆藏书数是3.37册，图书馆人均购书费是6.06元，贵州仅为0.1元，人均拥有图书馆藏书仅有0.18册。2008年，全国人均文化事业费18.68元，北京市人均文化事业费达87.40元，河北省是7.36元。2010年全国人均文化事业费24.11元，其中中部地区15.64

元，只相当于全国平均水平的64.9%。西部地区地广人稀，欠账较多，文化设施服务半径较大，低收入群体难以享有基本公共文化服务久2011年，东部地区文化事业费约占全国总量的44%，中部约占23%，西部约占27.7%。2012年，北京市平均每万人拥有公共图书馆建筑面积为107.24平方米，人均购书费为2.69元，贵州则为46.74平方米、人均购书费0.26元。从城乡差距看，许多农村地区的文化设施非常破旧，难以开展服务。

3.弱势群体文化生活比较匮乏

老年人、未成年人、残疾人和农民工是社会的弱势群体。尽管也采取了一些举措，比如，公共文化设施设残疾人通道，公共图书馆设盲人阅览室，但是总体来看，这些特殊群体享有适合其需求的公共文化产品和服务的机会较少。我国城乡贫困人口、失业和下岗职工、残疾人、农民工等困难群体的文化权益没有得到很好的保障。

（三）公共文化资源配置效率不高、渠道不畅

1.资源分散

公共文化服务体系建设存在多头管理、条块分割的问题，多个行政管理部门各自为政，管理中错位、越位、缺位同时并存，公共财政资金投向难以集中，造成公共文化资源分散，地方化、部门化、行政化的现象，有限资源难以有效整合发挥整体效益，重复建设和资源浪费现象严重。

2.公共文化服务与公众需求不完全对接

符合人民群众欣赏习惯、为人民群众所喜闻乐见的内容产品比较缺乏，目前我国有为数不少的图书馆、文化馆处于空壳化状态。另外，大量没有真正需求，或百姓并不"喜闻乐见"的产品有所积压、形成资源浪费。例如，有的地方每月一场的送电影下乡，放的多是老电影，而且一部电影多次放映。此外，一些基层公共文化机构的场地、设备闲置，开展的服务不能满足群众真正需求；个别单位甚至违反规定开展经营活动，造成不良影响。总体来讲，公共文化服务对广大群众的吸引力还不够，整体水平有待提升。

3.有些地方基层文化设施落后利用率低

基层文化设施是文化设施网络体系的基础，有数量多、受众面广等特点。目前，我国基层公共文化服务资源总量偏少，还没有实现全覆盖，而且有的地方服务质量不高。有的基层文化室内图书品种单一，群众来得少，平时铁将军把门，很少开放，上级检查时才开门找几个人摆样子。有的设施已经陈旧，设备简陋，难以使用。2008年，不具备基本服务条件的县级文化馆有1536多个、县级图书馆有675个、乡镇文化站2.67万个，占全国县级文化馆总数的55%。县级图书馆总数的28%、占全国乡镇综合文化站总数的2/3。近三分之一的县级公共图书馆无购书经费。全国县级图书馆人均藏书量仅为0.16册。广大农村群众文化生活贫乏的问题仍没有得到根本解决。

（四）供给主体单一

受计划经济下观念的响，许多人认为公共文化服务产品只能由政府来生产。目前，我国公共文化服务以政府兴办的公共文化机构为主，民办文化机构还不够发达。目前的财政经费和优惠政策主要是针对国有单位，对于非政府组织缺乏必要的资金资助，税收优惠政策也难以落实。公民的主体参与意识尚未完全觉醒，群众对公共文化的参与度还不够高。公共文化服务仅仅在行政体系内部运作，导致公共文化服务失去有效性，没有较好地形成服务的主体与对象的良性互动。

（五）与城镇化发展不相适应

中国城市化发展速度惊人。2011年，中国城镇人口占总人口的比重超过50%。人们的生产生活方式发生深刻变化。就公共文化服务来看，城市化带来更多集中居住的城市人口，更复杂的人口结构，更频繁的人口流动，更多样的文化需求。由于我国长期以来城乡二元结构的制约，工作和居住在城市中的原农业户籍者大多还处于"半城市化"状态。现有公共文化服务网络还没有完全适应城市化发展的要求，需要进一步予以跟进，加大建设力度，拓展服务内容，创新服务形式和手段，不断提高公共文化服务的覆盖水平和供给能力。

（六）人才队伍建设需要加强

基层文化单位的工作人员数量不足，素质偏低。乡镇综合文化站有的无编制，即使有编制也不是专职，也缺少经费。培训机制不健全、培训经费匮乏，难以保证队伍素质的提高。用人机制还比较死板，需要的人才进不来，不需要的人员走不掉。偏远和民族地区专业人才缺乏，现有人员存在年龄机构、知识结构、专业门类不合理等现象。

二、问题成因

（一）思想认识不到位

在以经济建设为中心的大环境下，各级领导干部的思想观念和行为方式受市场规律的影响，往往注重物质利益，单纯追求GDP增长，还没有把文化建设放在应有的位置，轻视、忽视、偏视公共文化服务。许多地方没有将公共文化服务体系建设成效纳入绩效考核体系，没有纳入当地经济社会发展规划。文化"说起来重要，干起来次要，忙起来不要"的现象在基层还比较普遍。还有些地方政府只注重文化设施是否具有标志性，而不注重其实用功能和可持续发展。另外，公民的权利意识还有待于增强。

（二）政府管理有不科学不到位之处

在公共文化服务体系建设过程中，仍存在着政府微观管理过细、宏观管理缺位，管理手段单一的问题，社会评估、监督体系缺失、责任不清、分配不公等现象。各行业系统、各地区部门分割、多头管理，各自搞惠民工程、建文化设施，造成资源分散浪费、效率不高，公共文化服务体系缺乏整体性和系统性，没有最大化发挥出协同效应。公共文化服务的社会化程度还比较低。公众文化需求表达机制比较欠缺。

（三）政策法规体系不健全

健全的政策法规体系是各项工作的坚强保障。目前，公共文化服务政策体系尚不完备。我国已经出台了《公共文化体育设施条例》等行政法规和《乡镇综合文化站管理办法》等部门规章，但总体来看效力层次不够高、还没形成完善的体系，制约了公共文化服务的高效有序开展。公民基本文化权益没有明确的法律界定；政府的相关职能没有明确界定；政府为提供公共文化服务而进行资源调控的手段缺乏足够的法律依据，影响了其责任主体义务的履行；公共文化机构的职能没有明确的界定，导致其与政府的关系难以理顺，既影响其提供公共文化服务的质量和效率，又使其难以吸引社会资金和优秀人才；公共文化服务的绩效评估缺乏界定，难以实现有效奖惩，势必影响有关各方在公共文化服务建设中的积极性。

第三节　政策体系框架及制定原则

一、法与政策

（一）法与法学

一般而言，法是国家制定或认可，以国家强制力保证其实施的行为规范的总和。法是随着私有制和阶级的形成、国家的产生而产生的，经历了从个别调整到规范性调整、一般规范性调整到法的调整，从习惯到习惯法、再由习惯法到制定法，法与宗教规范、道德规范的浑然一体到法与宗教规范、道德规范分化而相对独立的发展过程。

法的主要作用就是维护统治阶级的统治、解决社会冲突、分配社会资源，维持社会秩序，维护社会成员的权利和义务。一方面，它具有规范、警示作用，为人们的行为提供模式、标准；另一方面，它具有为公共利益服务的社会职能。法的表现形式很多，依照不同的分类标准有不同的界定，比如，按载体形式不同分为成文法和不成文法，按是否为法律文件中的明确条文分为正式渊源和非正式渊源，前者指不同国家机关根据具体职权和程序制定的各种规范性文件，如宪法、法律、法规等，后者则指未在正式法律中体现但具有法律意义的准则、观念、习惯等。

法学是以法律现象为研究对象的科学。在中国，法学在春秋战国时期就有了相当的发展，出现了很多的学派，主要有强调法律及其强制作用、主张以法治国的法家学说和强调道德感化作用、主张"德主刑辅"的儒家学说。在西方，法学最早起源于古希腊，到古罗马时期，法学成为一门独立的学科。

（二）政策与政策科学

我国古代"政策"一词，有政权、策划之意，现代关于"政策"的定义很多，最具代表性的是工具书《辞海》的定义。在西方国家中，最初没有"政策"这个概念。现在的Policy（政策）是随着近代资本主义的发展，从Politics（政治）中派生出来的。从词源上考察，"政策"在英语的传统中曾被用于表示策略、计谋，可见最初与权术密切相关。关于其定义，学者也各有主张。

传统的公共政策研究是在政治学和行政学领域。20世纪50年代，美国政治科学家哈罗德·拉斯韦尔提出了政策科学的概念，并对政策科学的研究对象、性质和研究任务做了具体界定，以政策为研究对象的政策科学开始产生。在此之前，也就是20世纪20年代至30年代，英国经济学家凯恩斯提出的政府干预经济的政策主张，可以看作是现代政策科学理论建立的策源。1951年拉斯韦尔与美国著名政治学家拉斯韦尔和丹尼尔·勒钠合著了《政策科学：范围与方法的近期进展》，阐述了政策的基本范畴，为政策科学形成独立学科奠定了基础。继哈罗德·拉斯韦尔之后，曾长期任美国兰德公司高级顾问的以色列著名政策学家叶海卡·德罗尔通过《公共政策制定的再审查》《政策科学构想》《政策科学探索》等著述使政策科学更加规范化。他于1986年发表的《逆境中的政策制定》则进一步把政策研究推进到了上层决策领域，使政策科学成为政府和社会把握未来、控制发展趋势的科学。至20世纪80年代政策科学就成为世界性学术研究领域。

政策科学与相关学科的纯科学不同，是一门交叉的应用性科学。主要研究如何认识和端正社会发展方向，改善和加强作为社会指挥系统的国家政策制定系统，控制和塑造人类自己的未来，对于政策制定过程比较看重，而对于政策的内容不太关心。20世纪70年代中期以后，开始关注政策执行情况进行评估、对公共政策进行调整甚至废止。目前主要研究公共政策。

二、公共政策的界定

（一）公共政策的概念

公共政策是当代各级政府进行社会治理的基本手段。在相当程度上，公共管理的实施和价值的体现主要通过适时制定和执行各种政策来完成。学者从不同视角对公共政策进行了界定。W.威尔逊指出，"公共政策是政治国家制定出来的由公共人员所执行的法律和法规"，这被认为对公共政策的性质和范畴的最初的、比较明确的规定。托马斯·R.戴伊认为，公共政策就是政府选择做与选择不做的事情。政府要处理许多事务：调节社会内部冲突；动员人民协同对外；向社会成员提供各种象征性的奖励和实质性的服务；以税收的形式，从社会中汲取资金。因此可以说，公共政策涉及调节个体行为、构建官僚体系、分配利益、征税，或者同时完成这些事务。厄尔·莱瑟姆认为，所谓公共政策实际上就是团体竞争在既定时间达到均衡的结果，它代表的是相互竞争的派别或团体之间的斗争，认可取得胜利的团体，并用法令或条例把放弃、妥协和征服等记录在案。

笔者认为，公共政策是广义的概念，既包括有立法权的机关制定的法律法规，也包括政府所制定的政策性文件以及采取的重大举措。一般而言，公共政策具有导向功能、调控功能、分配功能和规范作用。由此，本文重点研究的公共文化服务政策，既包括相关的法律、法规、规章等规范性文件，也包括相关决策和文件。在分析过程中，也将综合运用法学和政策科学的基本理论和研究方法。

（二）公共政策的制定过程

公共政策的最终形式是法律法规、计划、决定和措施等。一般而言，公共政策的制定都要经过以下几个步骤：

1.问题确认

公共政策的制定是为了解决现实中的问题。因此，公共政策问题的确认是制定公共政策的基础，是公共政策过程的起点，也是政策分析的中心环节。这些问题可以是某种条件或环境，在这种条件和环境引起社会上某一部分人的需要得不到满足。

2.问题分析

政策制定者要对问题的性质、领域、范围、程度、主要表现及成因进行分析。

3.确定政策目标

政策制定者要根据现有的政策环境和政策资源，结合发现的问题，拟定政策的目标。

4.寻找解决方案

针对问题成因，参照国内外有关经验或者自主创新，从管理层面提出具体办法，提出解决问题的思路、具体措施，形成备选方案。

5.方案选定

将备选方案进行多方分析比较，找出最具科学性、可操作性的方案，进行决策，通过法定程序推出相关政策并予以实施。

（三）公共政策制定的主体

1.立法机关

是公共政策制定的最主要主体。其主要职责是制定法律、作出重大决定。立法机关在西方主要是国会、议会、代表大会。在我国则是指全国及各级人民代表大会。依照我国《立法法》，全国人大及常委会负责制定和修改基本法律。地方人大及常委会可制定地方性法规。

2.行政机关

行政机关是贯彻执行国家的法律和政策，管理国家内政外交的机关，运用公共政策对社会公共事务进行管理。我国国家行政机关包括国务院及其组成部分和地方各级人民政府。依照《立法法》，国务院根据宪法和法律，制定行政法规。国务院各组成部门及直属机构、可制定部门规章。省、自治区、直辖市和较大市政府可制定政府规章。

除了法律、行政法规、地方性法规、部门规章、政府规章，有关部门也会发布意见、通知等文件，这些文件具有一定的指导性和规范性，我们也可以视为广义的政策。

（四）公共政策分析方法

人们从不同的角度、基于不同的理论去分析公共政策，形成了很多模型。

1.制度主义

这种模型的核心主张是政策是制度的输出。公共政策有三个特征：一是合法性。政府的政策通常被认为是法律义务，公民必须服从。二是普遍性。只有政府的政策才能影响到社会中的所有人，而其他团体或组织的政策仅仅涉及社会中的一部分人。三是强制性。政府能够制定政策，垄断着社会的强制力，因而促使社会的个体与团体努力把自己的偏好转变为政策。

2.过程模型

过程模型认为政策是政治活动。对政策感兴趣的政治学家，他们把政策看作一系列的政治活动，根据各种行为与公共政策的关系，对这些行为进行分类，划分为问题确认、议程设定、政策形成、政策合法化、政策执行以及政策评估等过程。

3.理性主义

理性主义认为一项理性的政策必须追求社会效益最大化，即政府应该做那些使得社会效益最大限度地超过社会成本的政策，同时避免采纳那些成本高于效益的政策。鉴于此，政策制定必须遵循两个重要原则：第一，任何成本超过收益的政策都不应被采纳。第二，应选择那个收益超过成本最多的政策方案。决策者必须了解所有的社会价值偏好及其权重，了解可以获得的所有备选方案及其结果，计算每一备选方案的收益与成本之比，进而选择最有效的方案。

4.渐进主义

渐进主义把公共政策视作政府过去行为活动的延续，其中伴随着渐进的调整与修正。政治学家查尔斯·E.林德布罗姆在批判完全理性的决策模型时首次提出了渐进主义模型。他认为，由于时间、信息和金钱所限，决策者不需要每年都检查现行政策，研究其他可供选择的政策方案，相反，他可以现行项目、政策和支出为基础，根据新情况予以调整。

5.团体理论

团体理论的核心看法是政策是团体利益的平衡。政治学家大卫·杜鲁门认为，政治是不同团体力求影响公共政策而展开的斗争。任何公共政策都是相关团体竞争达成平衡的结果。政策会朝着影响力增强的团体所期望的方向发展，而背离影响力减弱的团体的愿望。

6.精英理论

精英理论认为，社会被分成掌握权力的少数人和没有权力的多数人。民众对公共政策缺乏了解，精英集团通常能够在政策问题上塑造大众舆论。因此，公共政策反映的是精英集团的价值偏好，而不是大众的需求。

7.公共选择理论

公共选择理论是用经济学的方法研究非市场决策，尤其是把经济分析方法应用于公共政策制定，认为政策是自利个人的群体选择。持有关主张的理论家声称他们是英国政治哲学家约翰·洛克（John Locke）思想的继承者。这个理论假定所有的政治行为主体包括选民、纳税人、候选人、立法者、官员、利益集团、政党、官僚体系和政府等，都像在市场中那样寻求个人利益的最大化。个人在政治生活中联合在一起是为了实现他们各自的利益，在政治中通过协议（契约）来增进他们自己的福利。政府必须提供公共物品，处理市场不能解决的问题，也就是弥补"市场失灵"。在市场失灵的情况下，政府应出面干预，进行管制和处罚，以补偿对社会造成的损失。

8.博弈论

博弈论研究的是特定的情境中的理性选择。"博弈者"可以是个人、集团，也可以是一个国家的政府，或者是能够做出理性行为的任何人。把博弈理论应用于政策制定中，得出的结论是：政策是竞争状态下的理性选择。需要强调的是，在特定情境中，人们不可能作出相对独立的最佳选择——这种最佳结果要依赖于他人所作出的选择。

以上每个模型对政治生活都有各自的关注焦点，每个模型都能帮助我们理解公共政策的不同方面。在对某一政策进行分析的过程中，可能会综合运用多种模型，大多数政策都是多种因素共同作用的产物。

三、公共文化服务政策的整体框架和制定原则

（一）公共文化服务政策的主要框架

1.按照效力层次

（1）全国人大通过的相关法律：比如正在推动的《公共图书馆法》；

（2）国务院颁布实施的行政法规：比如《公共文化体育设施条例》《广播电视设施条例》和正在推动的《博物馆条例》；

（3）部门规章：比如文化部颁布的《乡镇综合文化站管理办法》；

（4）地方性法规：如《北京市图书馆条例》《广东省公共文化服务保障条例》等；

（5）中央文件等其他具有约束力或指导性的制度性文件。中办、国办《关于进一步加强公共文化服务体系建设的若干意见》，中宣部、文化部等部门《关于博物馆、纪念馆免费开放的通知》，等等。

2.按照作用分类

（1）保障类：是指为确保公共文化服务有效开展而设定的相关制度，如财政投入、机构设置等方面；

（2）规范类：公共文化设施建设标准，公共文化机构管理规范、运行规范，公共机构工作人员从业要求，基本公共文化服务的标准；

（3）鼓励类：鼓励社会力量参与的税收优惠、物质奖励、表彰等制度。

3.按照内容分类

（1）公共文化资源配置政策

①公共文化服务支出占财政总支出的刚性比例；

②公共文化资源的配置制度；

③公共文化设施免费开放经费保障政策；

④转移支付政策；

⑤提高财政投入成效的相关制度等。

（2）公共文化服务设施建设和管理的相关政策

①公共文化设施的职能定位、建设标准；

②公共文化机构的运行管理制度；

③公共文化机构向社会提供服务的标准和具体要求；

④免费开放政策

（3）社会力量参与的相关政策

①捐赠公益性文化事业、捐建公共文化设施的相关税收优惠和精神奖励政策；

②民办公共文化机构的准入制度和运行规则；

③志愿服务的相关制度。

（4）促进公共文化资源配置公平的倾斜政策

①对农民工、老年人、残疾人、未成年人等特殊群体文化权益采取倾斜性的保障措施；

②对老、少、边、穷和农村地区的倾斜政策。

（5）公共文化产品有效供给机制

①群众需求调查与反馈机制；

②流动服务机制；

③公共文化服务的市场化和社会化机制。

（6）绩效评估机制

①绩效评估的标准；

②绩效评估的实施要求；

③相应的奖惩制度。

这些政策，可通过单项立法的形式来予以规范，比如关于公共图书馆、博物馆、文化馆、美术馆的单项法律法规，也可以在综合性的法律法规中体现，如《公共文化服务保障法》，还可以在综合性的政策性文件中予以提及，如关于文化事业费占财政总支出比例就已经在十七届六中全会《决定》中予以体现。

（三）制定公共文化服务政策应遵循的原则

1.立法的基本原则

在法学领域，立法原则是指有权的主体在制定法律法规时应遵循的指导思想和重要准绳。我国立法总的基本原则，可以从性质和内容的结合上区分为多种。其中，宪法、民主、法治、科学等原则尤为重要。

2.制定文化政策的原则

制定文化政策要遵守五个原则，一是文化国情适应性原则。就是要从中国文化状况的现实存在出发，并从中找到适合于国家和民族文化发展需要的方针、政策和办法。二是文化改造原则。就是不断克服本体在进化过程中的局限性，改造和更新那些已经不适应社会进步和发展需要的价值观念、思想体系、道德规范和行为准则，以及与此相关的文化制度，以推动文化的发展。三是文化效益最大化原则。文化政策制定要体现所规划的文化目标的实现性程度，规范社会的文化行为，最大限度地调动各种积极的文化因素和文化力量，实现主体的文化价值追求和文化目标，满足社会公众的多样化文化需求，全面推进文化建设繁荣、发展，实现文化的社会效益和经济效益的最大化。四是质量适度原则。正确地把握文化政策的质（界限）和量（限度），防止干预力度过大、范围过广。五是有选择的文化激进主义原则。要认真分析政策问题的性质特征，挑选那些足以改变政策状况的主要的社会文化变量，集中文化政策资源，采取强化的干预手段，促使对象朝着良性的方向转化，从而对解决文化政策问题产生重大的影响。

3.制定公共文化服务政策的原则

综合上述原则，结合公共文化服务的特点，笔者认为，公共文化服务政策制定的原则应该包括以下几个方面：

（1）公平正义原则。追求公平正义是人类的梦想。法的精神就是维护公平正义。据考据，汉字法的古体为灋，有"平""正""直"之意。无独有偶，拉丁文、法文、德文、俄文、意大利文中与"法"对应的词都有都有"平""正""直"的含义。可见，法是一种判断平、正、直的标准，而律则是强调人们必须遵守的东西。自古以来，在什么是法的基础理论问题上大致分为两派：一派是以古典自然法学派为代表，认为法是正义、理性为基础的；另一派是以布丹、霍布斯为代表的，认为法是以强权为基础的，"强权即公理"。马克思、恩格斯认为，这两种观点都没有讲到法的真正基础，即社会的物质生活条件。正是一定的物质生活条件决定着人们的正义观，决定着人们意志的内容，也是国家政权的基础。公共文化服务政策的制定，应该以保障公民合法文化权益，让人们享受公平公正的文化服务为目标。

（2）民主公开原则。公共政策的公共性不仅要求公共政策保障人民在国家政治、经济、文化等各个生活领域中享有同等的权利与公平的利益分配，而且还要使广大人民群众能直接参政议政，在政策制定的各个环境中充分发挥主人翁作用。要推动制定政策的公开化，广泛征求社会各界的意见，通过实地调查、听证会等形式了解民情、听取民意、集中民智，从而使所制定的政策更加科学合理。

（3）效益最大化原则。所谓效益，简言之就是效果和效率，是衡量工作结果的重要尺度，既可以指劳动消耗与劳动成果之间的比较，也可以说是使用社会资源对人类愿望和需要予以满足。公共政策应该维护多数人的利益。因此，公共文化政策的制定必须以实现公共文化利益为导向。公共文化服务本身就是一项关系民生、关系政府职能是否到位的重要工作，公共文化服务政策的制定，必须努力追求提高公共资源配置和使用的效率，争取公共利益最大化。

（4）可操作性原则。公共文化服务是一项复杂而系统的工作，涉及面大、内容多，而且面临的问题多，因此与之相关的文化政策必须具有针对性。因此，制定公共文化服务政策，必须基于我国国情，不能设定难以实现的制度。要具有可操作性，而不能是一纸空文。

第四节　公共文化服务的经费保障政策

公共文化服务是公共产品，不能直接产生经济效益，需要财政经费持续、稳定地投入作为支撑。对此，政府负有主导责任，必须提供大量的经费支持。鉴于政府财力有限，还要充分吸纳社会力量参与。基于此，我国必须建立健全政府主导、社会力量积极参与的公共文化服务投入机制，制定科学合理的公共财政支持政策和吸引社会力量投入文化建设的相关优惠政策。

一、公共财政支持政策

（一）公共支出

亚当·斯密在《国富论》阐述了政府提供公共服务的公共责任。在市场经济条件下，公共需求的满足主要通过公共产品来体现。公共部门向社会提供公共产品所支付的各种费用，就是公共支出。

公共支出的分类有很多种，联合国《国民经济核算体系》提供了公共支出分类的核心内容。根据政府职能、经济类型、经济性质等不同标准，有不同的分类。其中，按照政府职能，可以划分为一般性公共服务开支、国防开支、教育开支、健康医疗开支、社会保险和福利费用、住房建筑和美化环境开支、其他的社会服务开支，经济服务费用，无法归类和其他用途开支。其中，文化支出归属于其他的社会服务类。

公共支出是政府履行职能的重要手段，反映着政府的政策选择。通常具有以下几个特征：第一，来源是财政收入，包括税收、规费、债务及有偿服务等。第二，支出的主体是公共部门。当然，公共产品的具体提供者不一定是公共部门，也可以是与政府有关的机构、事业单位以及私人组织。第三，支出目是满足社会公共需求。在市场经济条件下的公共支出，只能被用于被市场机制本身无法有效供给的领域内。第四，非营利性。即政府不能在营利动机的引导下去支出。第五，具有一定的生产性。

良好的公共支出，应当符合以下原则：一是弥补市场失灵原则。在市场无法有效地配置资源，或难以正常发挥作用的状态下，弥补市场失灵是国家财政义不容辞的义务。二是社会利益原则，应追求社会利益最大化。三是公平原则。这种公平包括横向和纵向两个方面，前者指同等情况同等对待，后者指不同情况不同对待。四是节约原则。要防止人力、物力、财力的不必要浪费，要以尽量少的支出产生最大的效益。五是量入为出原则。政府应根据财政收入多少来安排支出，坚持收支平衡，防止赤字出现。

（二）公共文化服务的财政支持

公共文化设施的建设、公共文化机构的运行、公共文化产品的生产和供给都要有经费做支撑。经费保障必须解决两个问题：一是确保公共文化服务经费到位并形成保障机制；二是确保公共文化服务经费高效实用。因此，必须建立以公共财政为基础的资金保障机制，确保用于公共文化服务预算经费投入制度化、常规化，使公共文化服务得到应用的财力保障。

1.预算制度

英国采用"一臂之距"的文化资助模式，政府不对公共文化组织或个人实施行政干预，但政府财政也会资助图书馆、博物馆、美术馆、剧院、音乐厅、艺术中心以及社区的文化活动。法国政府对公益性文化事业予以资助。发达国家经验表明，文化投入应占总支出的1%。

目前，我国公共文化投入总量偏低，制约了公共文化服务的开展。要改变这种状况，必须把公共文化服务体系建设纳入各级政府经济社会发展总体规划，纳入工作部署，纳入公共财政支出预算，并努力将政府每年投入公共文化事业的财政预算比例加以法定化。通过立法明确中央和地方的文化事业建设费用于公共文化服务。建立以本级财政为主，中央和地方合理分担的经费保障机制。要科学界定中央和地方的事权范围，努力形成事权财权相称、中央地方合理分权的权能匹配体系。

2007年，中办、国办联合印发《关于进一步加强公共文化服务体系建设的若干意见》，明确提出，"中央、省财政对文化建设投入增幅不低于同级财政经常性收入的增幅，……从城市住房开发投资中提取1%用于社区公共文化设施建设"。十七届六中全会《决定》提出，要把公共文化产品和服务项目纳入公共财政经常性支出预算久这些都是原则上的要求，对于公共文化服务占财政总支出的比例没有确定，应该进一步予以明确，明确各级政府的投入责任，要使基层政府具有与事权相匹配的财政能力。要加大财政资金投入力度，扩大公共财政覆盖范围，为广大人民共享劳动成果创造良好条件。

2.推进均等化的财政转移支付制度

针对公共文化资源配置城乡二元结构的不合理现象，就必须推动公共文化服务均等化。目前，我国各级政府之间还存在财力与事权不匹配的现象，中央和省级财政较为充裕，而基本公共服务基本由基层财政负担。县乡财政状况普遍薄弱，且区域发展不均衡，直接影响了基本公共文化服务的提供。必须加大对欠发达地区和农村地区的投入，在公共文化设施建设、资源配置和服务提供方面向农村倾斜，加大公共文化资源供给总量，扫除盲点。目前我国已经建立了转移支付制度，但是在中央转移支付资金中，一般性转移支付少，专项转移支付较多，导致一些项目交叉重复，投向分散，难以发挥综合效益。因此，要进一步完善中央财政对地方的转移支付制度以及区域间转移支付制度，使财政资金在城乡和地区之间进行合理的分配，以推进区域间公共文化服务的资源互补与财力互助。

3.免费开放的长效保障政策

公共文化设施的免费开放是公共财政支持的重要体现。因此，必须由公共财政来为公共文化设施免费开放的相关成本买单，包括公共文化设施的维护、运行、原有收费项目。

4.提高财政资金使用效率的制度

投入方式是否科学，资金使用是否合理，直接关系公共文化服务的效能。要改革原有的单一财政拨款方式，逐步转为"以奖代补"，提升公共财政投入的绩效。优化政府对文化事业投入的支出结构和资助方式，实行公共文化产品和服务的政府采购制度。建立政府投资决策咨询制度，确保资金使用的科学化、民主化。政府的大型文化投资项目，应当公开透明并经过专家委员会咨询论证。要充分运用政府招标采购、项目补贴资助、贷款担保贴息等投入方式，吸引社会力量投资、参股、赞助、提供设施和产品等多种方式投入公共文化服务，提高公共资源配置的效率。在经费使用过程中，要兼顾不同群体的文化需求，通过合理支出维护公平正义。

二、鼓励社会力量参与公共文化服务的政策

我国以往的公共资助体系是在计划体制框架下形成的以部门预算和专项转移支付体系为基础框架的。这种管理模式具有统筹安排、统一规划、集中力量办大事的优势，但也限制了民营机构和基层民众参与文化创造的机会，往往使政府在公共文化发展过程中陷入唱"独角戏"的困境。应当借鉴国际成功经验，调动企业、民办非营利机构和公民个人等社会力量参与公共文化服务的积极性。

（一）国外的相关做法

发达国家的文化资助方式日趋社会化和多元化，形成中央和地方、政府与市场、直接和间接相结合的混合资助格局。社会赞助公共文化事业成为西方发达国家丰富其公共文化产品的重要途径。

美国政府注重通过政策杠杆鼓励各企业以及全社会对文化事业进行赞助和支持。一是通过减免文化事业相关单位的税收，以及从地税中划拨专项资金以扶持。与文化公益事业相关的单位或群体，一律享受免税待遇，资助单位可获得减免税额的待遇；征收地方特别税用于文化设施建设；从地方财产税中拨出专项文化建设管理基金；在某些管理事业收费中如船泊靠港费、高尔夫球票费等抽取文化税，用以扶持文化事业。二是鼓励各类企业、社会组织和个人将应纳所得税金的一定比例自主捐赠公益事业。三是从大公司、银行的广告费中提取一定比例的文化建设事业费；举办文化节，将所得收入转拨给社区文化节和少数族裔文化节等。法国也不断修正《文化赞助法》，鼓励企业依法参与文化赞助活动，而作为补偿，企业可获得减免税收或者享有冠名权等各种不同的回报。日本、加拿大、澳大利亚等很多国家都有类似的政策，通过免税或税收优惠的方式，鼓励了社会对公共文化事业的赞助。除了免税或税收优惠，有的国家还以奖励的方式，鼓励社会力量参与文化事业。

（二）我国的已有政策分析

为拓宽文化资金来源渠道，要鼓励社会力量捐赠公共文化事业，保证公共文化服务的经费投入。

1.已出台的相关政策

（1）《公益事业捐赠法》

2001年，全国人大出台《公益事业捐赠法》。其中，第十四条、第二十四、二十五条做了规定，鼓励社会力量捐赠公益事业，捐赠人可以享有冠名权和税收优惠支。

（2）《国家"十一五"时期文化发展规划纲要》

该《纲要》于2006年9月发布。《纲要》明确提出要鼓励社会力量捐助和兴办公益性文化事业。对于社会力量兴办的非营利的公共文化机构，在用地、税收等方面给予政策优惠，对于社会力量向公益文化事业的捐赠作为公益性捐赠享有税收优惠。

（3）《国务院办公厅转发财政部、中宣部关于进一步支持文化事业发展若干经济政策的通知》

该通知于2006年发布，明确社会力量通过国家设立的公益组织和国家机关对宣传文化事业的公益性捐赠，"在年度应纳税所得税 10% 的部分，可在计算应纳税所得额时予以扣除，超过应纳税所得额 30% 的部分，可从其应纳税所得额中扣除公益性捐赠的范围，包括艺术表演团体，图书馆、博物馆、科技馆、美术馆、革命历史纪念馆等公益性文化机构和文化馆、群众艺术馆组织的公益性活动、项目和设施等方面的捐赠"。

（4）《中共中央办公厅 国务院办公厅关于加强公共文化服务体系建设的意见》

2007 年发布，鼓励各类文化企业参与公共文化服务，对非营利组织实施减免税收等优惠政策，鼓励社会捐赠以提高公共文化服务的总体投入，也构成公共投入的必要补充。

（5）《财政部、国家税务总局关于通过公益性群众团体的公益性捐赠税前扣除有关问题的通知》

2009 年发布，规定了企业进行公益捐赠的具体范围、程序，明确企业通过公益性群众团体用于公益事业的捐赠支出，在年度利润总额 12% 以内的部分，准予在计算应纳税所得额时扣除。

（6）《文化部关于鼓励和引导民间资本进入文化领域的实施意见》

2012 年发布，其中关于鼓励民间资本参与公共文化服务体系建设部分对民间资本进入公共文化服务领域也做了规定，一是鼓励民间资本捐建或捐资助公共文化基础设施，或通过捐助机构或项目、提供设施等形式参与公共文化服务。民间资本捐资助建公益性文化设施的，政府予以褒奖；捐赠捐助公益性文化事业的，可享受税收优惠政策。二要支持民间资本兴办具有公益性组织提供公益文化服务。三要支持民营文化企业申请政府采购项目。鼓励民间资本参与公共文化服务活动。

此外，在《国务院关于进一步完善文化经济政策的若干规定》《国务院关于支持文化事业发展若干经济政策的通知》《国务院批转文化部关于文化事业若干经济政策意见报告的通知》《财政部、国家税务总局关于宣传文化所得税优惠政策的通知》中，也有类似规定。

2.存在的问题和不足

目前，我国关于社会力量参与公共文化资源供给的制度安排缺位或得不到落实。

（1）捐赠政策得不到切实落实

社会捐赠实质上是区别于政府财政的另一种社会再分配形式，是调动民间力量办文化的重要途径。近年来，我国社会力量进入公共文化资源供给领域的动力增强，各界捐赠公益性文化呈现增长势头，但是普遍起点低、规模小。由于相关政策不完善，税收减免的程序过于繁杂，得不到切实落实。

（2）对民办公共文化机构进行引导和规范的制度不健全

目前，我国法律或法规对民办非营利文化机构的政策还比较少。仅出台了一个关于民办博物馆的意见，效力层次不高且缺少整体规范，民办博物馆、图书馆、美术馆的定位还很尴尬。税收制度也未对其进行明确的定义和解释，制定非营利组织税收政策缺乏相应的法律依据，政策目标亦不清晰。新政策在旧体制面前难以生效。例如，《北京市图书馆条例》颁布后，出现一批民办图书馆，但由于政府缺乏具体的扶植政策，有些艰难运行一段时间后因资金困难而关闭。

（二）完善的路径

十七届六中全会《决定》指出，要落实和完善文化经济政策，引导文化非营利机构提供公共文化产品和服务。因此，构建公共文化服务体系，必须建立健全文化类第三部门的政策体系，为社会力量投入文化建设提供合法的依据。应当改革有关登记管理方面的政策法规，建立对文化类非营利组织的专门法规，对其非营利性文化机构的性质、特征、业务范围、目标宗旨等进行具体界定，完善登记制度。还要制定落实有关公益性文化捐赠的税收、奖励等政策，引导和支持国内外自然人、法人或者其他组织捐助和兴办博物馆、图书馆、文化馆（大院）、美术馆等公共文化服务机构，向公民提供公共文化服务，或者以文献、实物、设施、设备或者其他形式资助公共文化机构的发展。对于进入门槛较低的项目，可逐步向民营企业和民间组织开放，鼓励支持其参与，对兼具公益和经营特点、进入门槛较高的项目，可采取公办民举的供给模式。对于各种民间文化艺术团要给予相应的资助。建立公共文化服务政府采购目录，支持已转制的国有文艺院团和民营机构通过竞标方式予以提供。

引导社会力量加强自我管理和规范也需要明确。应借鉴发达国家的经验，建立我国非营利组织的管理监督机制，通过年报制度、公共文化服务测评制度，要求其向社会公众公开自身财务、活动、管理方面的信息，以对其实行有效的监督管理。

第五节　公共文化产品供给的相关政策

公共文化产品供给，是公共文化服务的核心环节。其政策要覆盖公共文化设施的建设、机构的运行、产品的具体提供和服务。

一、公共文化产品供给相关政策的主要内容

公共文化服务不仅包括设施，也包括具体的服务。主要有：为确保文化身份和文化遗产传承而开展的文化遗产保护；为鼓励公民进行文化创造活动而给予的

资助和扶持；图书馆、文化馆、博物馆、剧场等文化设施和广电设施；为确保广大民众分享文明成果、获得信息、鉴赏文艺作品而开展的阅览服务、展览、收听收看广播电视节目服务；以激发创造力、愉悦身心为目的的培训服务；确保人民参与文化创造而组织开展的相关文化活动；免费或低价供公众欣赏的文化产品，比如图书、演出、电影等，针对弱势群体开展的保障性服务。需要说明的是鉴于我国文化遗产保护已经形成以《文物保护法》《非物质文化遗产保护法》为主干、以相关配套法规规章为补充的政策法规体系；艺术赞助也相对独立，因此，本文不再对文化遗产保护、艺术赞助的政策法规做分析。由此，本章所关注的相关内容包括几个方面：公共文化设施建设规划布局、公共文化设施的设计规范、建设标准、土地等相关政策，公共文化机构的管理政策，公共文化设施运行的相关要求、相关服务规范，免费开放制度、评估监督机制等，流动服务、利用信息技术等提高公共文化服务水平的有效制度，公民参与的有关政策、志愿服务制度、群众需求反馈机制，等等。

（一）公共文化机构的定位

就是要对不同类别的文化机构的性质及功能进行界定，特别要对民办机构的身份予以明确。要参照国际上的已有经验，同时结合我国特点。

1.明确公共文化机构的性质

不论是政府兴办还是民办的公共文化机构，都应该属于公益性文化机构。这就决定了公共文化机构必须不以营利为目的，而以提供公共文化服务、追求社会效益为根本。

2.明确公共文化机构的功能

不同类别、不同层级的公共文化机构承担着不同的公共文化服务职能：

公共图书馆是由各级人民政府设立或由社会力量捐资兴办，具有文献资源收集、整理、存储、研究、传播等功能。公共图书馆有国家馆、省馆、县馆之分，不同级别的图书馆职能不同。

博物馆是政府或社会力量兴办的，具有收藏、研究、陈列、展览各类历史文物和文化艺术品等功能咒不同类别的博物馆，应该体现其特色。美术馆是博物馆的一种，其功能是收集、保存、展览和研究美术作品。

文化馆（站）等是群众文化机构，分地市、县、乡三级，负责组织指导群众开展文化艺术活动、开展社会宣传教育、普及科学文化知识的文化机构。

城市社区、农村综合文化室（中心）是最基层的公共文化设施，兼有图书借阅、知识培训、文艺活动场地，有的地方还设有体育设施、当地民俗陈列室等。

剧院承担着艺术普及、文化共享、为创新作品提供平台的公益责任。青少年宫、科技馆、老干部活动中心文化机构负有科普教育、开展培训、组织文化活动等功能。

广播电视机构负有传播知识、陶冶人们情操、娱悦人们身心的职能。

这些单位服务侧重点不同，应该各司其职，发挥优势。

（二）关于公共文化设施的建设

1.明确政府主导责任

要明确建立公共图书馆、博物馆等公共文化设施国家和地方政府的责任，每个公民都有享受其服务的权利，"不受种族、国籍、年龄、性别、宗教信仰、语言、能力、经济和就业状况或教育程度的限制"。同时要明确，政府应该加强各部门的统筹协调协调，推动资源整合共享。同时，要鼓励社会力量兴办或捐建公共文化设施。

2.规范规划与布局

政府有关部门要根据国民经济和社会发展规划、城市总体规划以及土地利用总体规划编制公共图书馆、博物馆、文化馆、美术馆等公共文化设施的总体布局和发展规划，发展改革、城乡规划、国土房管等部门审查后，由人民政府审批并由市城乡规划管理部门相应纳入城乡规划。

3.关于设施建设的相关规范

明确不同类别、不同层级公共文化设施建设的标准，包括建筑面积，图书收藏和借阅、文物收藏和展陈、培训、表演等不同功能区的设置等。要根据人口分布情况，社会经济和文化发展的需要，建设公共文化设施网络。设施选址应在交通便利、人口相对集中的区域。对于人口居住分散、交通不便的要通过流动服务、新技术来予以补充。

4.土地等相关优惠政策

政府兴办的公共文化设施用地，都通过政府划拨，民营机构兴办公共文化设施的，经过甄别后应该给予同等待遇。

（三）公共文化机构的管理与服务等方面的政策

1.明确主管部门

一般为文化行政部门，教育、科技等部门具有配合的职能。

2.服务规范

明确不同公共文化设施的服务职能、服务范围、服务原则服务时间、服务内容及具体规范。服务原则如普遍服务、平等服务、免费服务和开放服务等。

3.管理规范

对公共文化机构管理的原则、内部运行机制机制等进行规范。

4.评估标准

不仅要明确对公共文化机构的硬件建设的评估,予以分类定级,还要对其运行和管理水平进行评估。

二、我国已有的相关政策法规

(一) 国家层面的法律法规

1.综合类

(1)《广播电视管理条例》

1997年8月,国务院第61次常务会议通过,以国务院第228号令发布,共分六章五十四条,对广播电视台的功能、性质、设立条件和程序、建设、管理、传输覆盖等进行了规定。

(2)《公共文化体育设施条例》

该条例于2003年6月经国务院第12次常务会议通过,以国务院第382号令发布,自2003年8月1日起施行,由总则、规划和建设、使用和服务、管理和保护、法律责任及附则等六部分组成。对于公共文化设施的建设、管理和运行进行了规定。这是迄今为止关于公共文化服务的效力层次最高的立法。

(3)《广播电视设施保护条例》

2000年11月国务院发布285号令予以公布,明确了广播电视设施的范围,对广播电视设施进行维护和保养、防止安全受损的具体义务,规定了惩处措施。

2.关于公共设施的建设

(1)《公共图书馆建设标准》

2008年11月,文化部、住房和城乡建设部、国家发展和改革委员会发布。规定了不同级别图书馆的规模分级、项目构成与选址,建筑面积,总体布局和建设要求。

(2)《博物馆建筑设计规范》

1991年5月建设部、文化部颁布,规定了大、中、小型博物馆的建筑规模、藏品库区和陈列区建筑的要求。

(3)《博物馆照明设计规范》

2009年5月国家质量监督检验总局、中国国家标准化管理委员会发布,2009年12月实施。规定了博物馆照明设计的原则、照明数量和质量指标。

(4)《文化馆建设用地指标》

2008年10月,文化部编制,住建部、国土资源部、文化部批准,明确了文化馆的分级分类,建设用地控制指标。适用于省、市、县文化馆的新建、改建和扩建工程。

（5）《文化馆建设标准》

2010年12月，文化部编制住房和城乡建设部、国家发展和改革委员会批准，对文化馆的选址、用地、总体布局、面积、建筑设备等进行了规范。

（6）广播电影电视工程建设系列标准

中央广播电视台建设标准，电视发射台、接收站设备、演播室标准、扩音录音系统标准、微波工程建设标准等系列标准，规范了广播电视设施的建设。

由上可见，我国关于文化设施的建设用地、基本建设规范已经形成了体系，有着成熟的表准。不足问题在于，现有标准有的制定时间较早，与新形式不完全适应，需要进一步调整。

3.关于公共文化机构的管理

（1）《博物馆管理办法》

2005年12月文化部颁布，2006年1月1日起施行。该办法明确，博物馆的布局应充分考虑当地经济社会发展、文化资源条件资。对填补门类空白和体现行业特性、区域特点的专题性博物馆予以鼓励。博物馆应传播有益的知识，发挥社会教育功能。同时，该办法还明确了申请设立博物馆，应当具备的条件及相关程序。

（2）乡镇综合文化站管理办法

2009年8月文化部颁布部长令，2009年10月1日开始实施，分六章23条。明确了乡镇综合文化站的定义，规划和建设原则、主要职能和服务方式、内部管理，人员的职业资格、经费来源、检查和考核办法等。

4.关于服务规范

《文物保护法》对于图书馆、博物馆保管文物的职能做了规定，要求对其收藏的文物区分等级设置档案，严格管理。《博物馆管理办法》中规范了博物馆的服务。全国统一的公共图书馆、文化馆的服务规范还没有出台，《乡镇综合文化站管理办法》对文化站的服务提出了要求，江西省出台了《江西省图书馆服务规范》。

5.关于免费开放的政策

最初，博物馆仅对军人、老年人、未成年人等特殊群体免费或半价优惠，图书馆。文化部、国家文物局发布《关于公共文化设施向未成年人等社会群体免费开放的通知》。文化部等12部委《关于公益性文化设施向未成年人免费开放的实施意见》。

2008年1月，中宣部、财政部、文化部、国家文物局发布《关于全国博物馆、纪念馆免费开放的通知》，要求全国各级文化文物部门归口管理的公共博物馆、纪念馆、全国爱国主义教育基地全部免费开放。

2010年，文化部、财政部制定了推进免费开放工作的实施方案。

2011年，文化部、财政部联合印发《关于推进全国美术馆、公共图书馆、文化馆（站）免费开放工作的意见》，提出了免费开放的指导思想、工作原则、主要目标、基本内容和实施步骤，要求到2012年底，实现基本文化服务项目的免费开放。

6.关于促进文化公平的政策

为丰富进城务工人员的文化生活，文化部2006年印发了《关于贯彻落实〈国务院关于解决农民工问题的若干意见〉的通知》要求加强面向农民工的文化服务，《关于高度重视农民工文化生活，切实保障农民工文化权益的通知》，为维护广大青少年的文化权益，2009年，文化部、国家文物局印发《关于贯彻落实中共中央办公厅、国务院办公厅〈关于进一步净化社会文化环境促进未成年人健康成长的若干意见〉的通知》，提出要加强未成年人文化活动阵地和设施的建设，为未成年人提供更多丰富的文化资源。2010年，文化部发布《关于进一步加强少年儿童图书馆建设工作的意见》，要求各级图书馆都要开设少年儿童阅览室，乡镇、街道、社区要建设少年儿童图书馆分馆。

2011年，文化部发布《关于加强村级文化建设的指导意见》，强调村级文化建设的重要性，要求加强村级公共文化设施建设，力争到2015年，全国基本实现村村有文化设施，有稳定的文化队伍，有常态化的文化活动和基本服务内容，使广大农民便捷地享受公共文化服务。

（二）地方性法规和规章

1.《贵州省县级图书馆条例》

1985年贵州省政府颁布，共分七章20条，对县级图书馆的任务、藏书建设、服务工作、经费、馆舍、工作体制等做了规范。

2.《北京市博物馆条例》

2000年9月北京市人大常委会会议通过，该条例适用于北京市行政区域内各类博物馆。共分五章三十条。分别规定了博物馆的工作原则、相关保障制度、博物馆应具备的条件、设立程序、服务规范、法律责任等。

3.《内蒙古自治区公共图书馆管理条例》

2000年内蒙古自治区人大通过，共六章34条，对本区各级公共图书馆的设立、规划、建设、资产管理、服务规范、对工作人员的要求、读者的义务都做了规定。民办图书馆也参照执行。

4.《湖北省公共图书馆条例》

2001年7月湖北省九届人大常委会第26次会议通过，2001年7月湖北省人民代表大会常务委员会公告第12号公布。该《条例》共23条，自2001年10月1日起施行。

5.《北京市图书馆条例》

2002年7月北京市人民大常委会会议通过，该条例适用于北京市的公共图书馆及其他各类图书馆。共分七章45条，规定了图书馆的职能、开放时间、管理规范、服务要求等，特别是对社会力量兴办图书馆做了规范。

6.《河南省公共图书馆管理办法》

2002年7月河南省政府以政府令形式颁布，共十八条，明确了公共图书馆的功能、性质、布局、维护和管理、藏书标准、服务规则等都提出了要求。

7.《浙江省公共图书馆管理办法》

2003年8月，浙江省政府颁布，自2003年10月1日起施行。该办法共有七章三十一条，也对公共图书馆的性质、功能、建设、经费、服务规范、读者权益、文献信息资源、从业人员要求和管理制度做了规定。

8.《福州市广播电视设施建设和管理的若干规定》

2004年8月，福州市人大常委会颁布，共23条，对福州广播电视设施的规划、建设、使用、管理和保护做了规范。

9.《深圳经济特区公共图书馆条例（试行）》

2006年颁布实施，共有38条。对本市公共图书馆的建设和管理、服务做了规范。

10.《浙江省文化馆管理办法》

2009年浙江省政府颁布，共五章27条，明确了文化站的性质、功能、规划、建筑规范、管理和监督的要求，要求文化馆的设计要实用、美观，对公众免费提供展览、图书阅览服务，免费组织群众文化活动，为公众提供良好服务。馆长负责，重大事项必须经馆务会讨论。

11.《天津市文化中心管理办法》

天津市于2011年8月出台政府规章，专门就天津市文化中心这一公益性文化机构的运行、管理、服务予以规范，共20条。

12.《广东省公共文化服务促进条例》

该条例于2011年9月经广东省人大常委会通过，自2012年1月开始实施。这是全国第一部关于公共文化服务体系建设的综合性地方法规，《条例》分为总则、公共文化服务提供、基层公共文化设施建设、激励与保障、法律责任等5章共46条。

13.《江苏省农村公共文化服务管理办法》

该《办法》由江苏省政府于2012年1月颁布，共分六章34条，规定了农村公共文化服务的范围、主管部门、资金来源，明确了公共文化服务机构的设立、撤并、管理机制、人员配备，服务设施的建设标准、功能划分、服务内容等，充分考量了农村地区的特点。

14.《四川省公共图书馆条例》

2013年7月，四川省第十二届人民代表大会常务委员会通过，自2013年10月1日起施行。该条例突出政府的主导地位和作用，强化了县级以上地方人民政府依法履行公共图书馆建设的职能；对公共图书馆管理和运行机制作了相应要求。

总体来看，地方关于公共文化服务的立法比较重视，特别是进入二十一世纪以来，出现了一个小高潮，有些地方比较具有前瞻性，走在国家立法的前列。比如，贵州、北京、内蒙古在《公共文化体育设施条例》出台前就开始建立图书馆的建设、服务等制度，江苏、专门针对农村地区的特点，对农村的文化馆、图书馆的服务进行综合考量。广东出台《公共文化服务条例》，充分吸纳了国际上公共管理的新理念，具有开拓性。天津市以市文化中心这一机构为对象进行立法，针对性很强。总之，已出台的地方性法规和规章都结合了本地区的实际，具有针对性和可操作性，是国家立法的有益补充，有的还为国家层面的立法提供了有力的借鉴。

据了解，我国有关部门正在积极推动《公共图书馆法》《博物馆条例》《公共文化服务保障法》的立法进程。在2013年11月召开的全国图书馆工作会议上，文化部副部长杨志今透露，《公共图书馆法》（草案）已于2011年12月报送国务院法制办。今后一个时期，文化部将积极配合国务院法制办和全国人大推动立法进程。

三、国外的相关立法及政策

（一）关于博物馆

1.国际层面

（1）联合国教科文组织《关于博物馆向公众开放最有效办法的建议》

1960年12月联合国教科文组织第十一届会议通过，共分五部分、十八条。该文件明确了博物馆的定义，要求各成员国采取一切适当措施以确保其领土内博物馆向所有人开放。文件还明确了博物馆陈列与参观应该遵循的原则，如通过清晰的陈列形式、系统地布置简介说明或标签、出版观众所需之此类说明的导游书或手册、组织适合各类观众听讲的定期导游参观等，使藏品易于为各类人所欣赏。博物馆应于每日以及各类观众方便之时对外开放，应易于进入，并应以舒适的措施使之尽可能有吸引力。只要有可能，门票应予以免费。此外，还规范了博物馆地位及作用，提出应成为其所在地区的知识和文化中心。

（2）.《国际博物馆协会章程》

2007年8月国际博物馆协会通过，共有28条，明确了博物馆协会的名称、法律地位和办公地点，机构组成、会员资格及权益，年度会费，收入支出、政策和程序规则，解散程序等。其中，博物馆协会的性质是非营利、非政府组织，设有个人会员、团体会员、学生会员、荣誉会员、赞助会员等几类会员。指出博物馆的性质，即不追求营利、收集保存研究有关人类及其环境的见证物，供公众学习、欣赏。

（3）《博物馆职业道德》

2004年国际博物馆协会制定并发布，主要规定了博物馆从业人员的自我规范。文件指出，博物馆应保护人类自然和文化遗产，博物馆藏品应定期、合理地对所有人开放。博物馆工作人员必须具有专业素质。征集、保存、注销处理藏品都要遵循响应的规则，应强化博物馆的教育功能，举办陈列、展览和特别活动。

2.其他国家的相关法律法规

（1）《法国博物馆法》

2002年1月法国国民大会以及参议院通过，总统名义颁布。该法令共有30条，规定了博物馆的性质、种类、基本职能、藏品的保存与流转，服务的提供、捐赠的税收优惠、擅自以博物馆名义开展活动的罚则等。其中，关于博物馆的职能提出有四项：保存、修复及充实藏品；将尽可能多的展品向公众展示，设计并实施教育与传播措施；促进认识与研究的深入以及更广泛的传播。在文化部部长管辖范围内，设置法国博物馆高层委员会。关于服务的提供：要求准入条件的制定应利于更多观众参观。未成年人参观国立博物馆不需购票。关于捐赠，规定对公司的减税金额不超过本会计年度应缴税额的50%。

（2）《英国博物馆认证制度之认证标准》

该标准于1988年首次推出，1995年、2004年进行了修订，规定了英国博物馆、图书馆和档案馆的最低标准，目的是"鼓励所有的博物馆和美术馆在博物馆管理、用户服务、公共设施及藏品管理方面所认同的最低标准"。认证制度主要内容包括管治和博物馆管理、公共设施、用户服务、藏品管理。国家设认证委员会负责该制度的监督，英格兰博物馆、档案馆和图书馆委员会等认证机构负责进行认证。博物馆通过认证后，必须每两年或按照评估机构要求的时限提交资格汇报。

（3）《美国博物馆评审制度标准》

该标准于2004年12月制定，2005年1月生效，规范了博物馆的公信力与责任、宗旨、规划、领导和组织管理结构。藏品管理、教育及讲解、财政管理、设施私用等。标准明确，"博物馆是公共信托资源的称职监管人，应坚持公共服务职责，将教育作为核心。博物馆应合理合法切实管理、记录并使用藏品。还要明确其整体教育目标，按照观众的特点和要求进行讲解。应根据藏品、观众和工作人员需求分配、使用设施"。

（4）《日本博物馆法》

1951年通过，共有29条，对于博物馆的职能、分类，注册申请和撤销的程序，博物馆应开展的工作、管理人员的构成及资格进行了规范。明确提出，设立博物馆的目的是收集、保管、展示艺术、历史、民俗、产业、自然科学等有关资料久博物馆设馆长、学艺员和其他职员。公立博物馆设立董事会，作为接受博物馆馆长的咨询并就博物馆管理发表意见的机构，董事会成员向提供咨询。董事会成员应选择与学校和社会教育相关的人员，积极推动家庭培训的人员以及具有学识和经验的人。关于服务，要求公立博物馆不得就博物馆资料的使用收取任何佣金或其他费用。但是，可以为了博物馆必要的维修和运营收取入场费。

（5）《爱沙尼亚博物馆法案》

该法案于1996年12月开始生效，并做了六次修订。最近一次修订是2004年。该法案共分四章，28条。就博物馆的法律地位和职能，博物馆的设立、博物馆活动、博物馆馆藏进行了规范。该法明确，国家博物馆是政府所属的由政府部门管理的国家机构，或由郡政府管理的国家机构。市立博物馆是地方政府机关。法案规定，博物馆应收集、研究和保存与人类和环境相关的、与具体某一领域相关的具有文化价值的物品，并为科学、教育和娱乐目的组织对公众的知识传播。关于博物馆的运行，法案规定，博物馆的设立应当由政府部门根据程序设立。国家博物馆馆长通过公开竞聘产生。博物馆设董事会，作为一个咨询机构，在文化部下运作，由博物馆代表和创立人组成。博物馆的活动经费应根据博物馆的安排从国家预算、州预算、城市预算或公法人资金中筹措。博物馆可以收取专项捐赠资金，与博物馆主要活动相关的收费服务以及基金收入和捐助。对于博物馆馆藏，由文化部官员或文化部组成的委员会执行。

（6）《波兰博物馆法案》

该法案于1996年11月开始实施，分六章40条，明确了博物馆的性质、目标、内部组织机构、设立程序、藏品的保管和利用、工作人员的要求。该法案规定，博物馆是一个非营利的组织实体，收集和保存人类各种以物质和非物质形态存在的文化遗产，展现其藏品价值和内容，培养认知感和审美观，并使人们能欣赏到这些藏品。博物馆应该收集各类艺术作品，对藏品进行维护和保存，安排展览，组织研究和科学考察，开展教育活动和艺术活动。部长以及中央办公室、地方政府的领导人、自然人、法人和不具法人资格的实体均可以建立博物馆。博物馆要设委员会，作为管理、筹资和与博物馆学有关的文化政策咨询和协商机构，博物馆馆长和博物馆委员会的秘书长要参加博物馆委员会会议。负责文化和国家遗产保护工作的部长对博物馆进行监督，要保存一份国家注册博物馆登记簿。关于博物馆的管理，经负责文化和国家遗产保护工作的部长同意，并向博物馆委员会征求意见后，具有法定资格的地方行政部门和地方自治实体可将从属的注册博物馆管理权授予董事会行使。博物馆的藏品属于国有资产，经部长同意，国立博物馆和地方政府博物馆可以交换、出售或捐赠藏品。博物馆的工作人员包括助理、助理馆长和持有证照的馆长。

（7）《丹麦博物馆法案》

该法案于2001年开始生效，分十四章、45条，主要规范了博物馆工作的目标，博物馆的不同类型、管理体制、文化遗产的发掘、管理、账目和审计等。博物馆的职责是保护丹麦文化遗产，展示文化、自然和艺术，收藏研究文献资料，将藏品和文献提供给广大公众。博物馆分文化遗产博物馆、艺术博物馆、自然史博物馆三类，分别承担保护遗产、展示艺术、展示自然发展情况的任务。国有博物馆每四年向相应的博物馆委员会提交工作计划，还应根据文化部部长的规则为其他博物馆履行特殊收藏任务。文化部部长可以批准博物馆得到补贴。每个郡的议会都设立一个博物馆委员会，负责协调和推动全郡博物馆工作。

（8）《肯尼亚国家博物馆法》

该法案于1983年开始生效，共有15条，主要规定了国家博物馆的职能，管理机构和具体规则。其中，该法对国家博物馆理事会成员组成的条件做了规定，要求董事会的任命应基于名声，而不是官职。董事会主席由部长与总统协商后任命，董事由代表科学界的4名代表组成，两名由东非自然历史学会推荐，另两名分别由内罗毕大学和国家科学技术董事会推荐。董事会的职责非常广泛，包括购买、交换、承租不动产，建造建筑物，购买藏品、雇用服务人员、出售门票、接受赠与等。董事会应为每一个国家博物馆任命单独的管理机构。

（二）关于图书馆的相关立法

1. 国际层面

（1）联合国教科文组织《公共图书馆宣言》

1949年公共图书馆宣言首度问世，1972年、1994年进行了修订，明确了公共图书馆的性质、作用、使命、建设和服务，指出"公共图书馆是人们寻求知识的重要渠道，是地区的信息中心。每个人都有权享受其服务，要对特殊群体要提供方便"。

（2）《公共图书馆服务发展指南》

该指南由联合国教科文组织和国际图书馆协会联合会2001年制定并出版，2002年进行了修订，对图书馆的选址、藏书、人均藏书量、服务规范等进行了要求。图书馆服务点要设置在一目了然、交通便利的地方。人均藏书应在1.5~2.5

册。应支持儿童学习阅读。

2.其他国家和地区的立法

根据不完全统计，已有英国、美国、加拿大、澳大利亚、德国、挪威、芬兰、冰岛、西班牙、韩国、马来西亚等80多个国家和地区制定了大约制定有110多部与图书馆有关的立法，其中包括公共图书馆法、国家图书馆法、呈缴法等。

（1）美国的立法

美国是世界上第一个制定地区公共图书馆法的国家，现在各州都制定了公共图书馆法，1848年，马萨诸塞州的法案是世界上首部关于公共图书馆的法案。每1.3万人就拥有一家公共图书馆，持证读者占全国总人口的66%。

（2）英国的立法

1850年，英国颁布了《公共图书馆法》，这是世界上第一部全国性的公共图书馆法，规定每1万人地区设一所图书馆。此后，又先后四次进行补充和修订。1972年修订案规定图书馆提供免费服务。

（3）俄罗斯的立法

1920年11月，前苏联颁布关于集中管理图书馆事业的命令。1984年3月，颁布《苏联图书馆事业条例》，规定了苏联图书馆的性质、任务、领导体制、组织原则、藏书、读者利用图书馆的权利、图书统计报表等。1994年，出台《俄罗斯图书馆事业联邦法》，2008年做了修订。

（4）日本的立法

日本于1899颁布《图书馆令》，后两次做修订。此后，又先后于1906年、1947年、1950年、1953年颁布了的《图书馆规程》《国会图书馆法》《图书馆法》及实施规则、《学校图书馆法》等。

（5）韩国的立法

《韩国图书馆法》于2006年12月通过，明确了图书馆的性质、国家及地方自治团体的责任与义务、图书资料的利用和提供、财物捐赠，不同类型图书馆（国家馆、公共图书馆、大学图书馆及专业图书馆）的不同职能及规划，明确国家及地方自治团体对私立公共图书馆发展及运营，可给予必要的援助。

（6）瑞典的立法

1905年瑞典通过了第一个图书馆法，1930和1947年、1966年分别进行了修改，规定在经济上对图书馆予以支持，包括在省、市政区的图书馆，强调把图书馆投资放到基层居民区。1912年通过在教育部下设立图书馆顾问委员会的法案。

（7）中国台湾地区关于公共服务的保障立法

中国台湾地区以《文化资产保存法》《文化创意产业发展法》《文化艺术奖助条例》等3部法规为主干的文化法规体系。2011年，还起草了文化基本法草案。

这些文化法规体系中，虽未冠以"公共文化"，含有大量的属于公共文化服务范畴的规定。其中，《文化艺术奖助条例》颁布于1992年，修正于2002年，设专章规定了租税优惠，明确经文教主管机关核准设立的私立图书馆、博物馆、艺术馆、美术馆、民俗文物馆、实验剧场等场所免征土地税及房屋税。文化基本法强调政府应奖助文化艺术、保障少数族群文化权利、传承文化资产、发展文化创意产业培育文化人才、均衡城乡文化资源，普及文化设施、推动艺术与美学培育、养成艺文消费人口、协助文化艺术传播与行销、推展国际文化交流及合作。

四、需要完善和调整的政策

（一）关于建设

1.完善标准

《公共文化体育设施条例》对公共文化设施的建设和使用已经做了规定。还可以在操作性、约束性上加以强化。比如，明确规定国家、省、地、县、乡、村（社区）等行政区域内应配套建设的公共文化设施的种类，以形成各级各类公共文化设施网络体系。突出以服务人口的数量、结构作为建设文化设施数量、大小的主要标准。要明确公共文化设施的建设标准，逐步缩小城乡之间、区域之间的不平衡。基层文化设施是文化设施网络的末端，受众面广、数量众多，直接关系到群众文化权益能否有效实现。同时，基层文化设施也是薄弱环节，成为制约公共文化服务体系完善的瓶颈之一。鉴于此，在对基层文化设施的规定上应该更加细致，除了硬件建设的标准，更应侧重其功能的设置和服务的开展，使其不仅仅作为静态的馆舍存在，还要确保活动、服务开展常态化。整合基层公共文化资源，设立综合文化中心，承担图书阅览、培训、文化活动等多项功能。

现有的关于某一类场馆的建设标准，需要进一步完善。可根据地方实际予以调整。不能千篇一律，要根据地方情况，要反映地方特色。要强调县级及以上区域乡镇及社区（行政村）公共文化设施的共建共享。

2.建立论证制度

公共文化设施建设应充分考虑地方实情，防止一刀切，造成公共文化资金的浪费。防止形象工程，公共文化设施空壳化。为确保公共财政花在刀刃上，要建立公共文化设施建设论证制度，要广泛听取专家和广大民众意见，对其建筑规模、建筑风格予以充分论证。特别是地市以下博物馆的设立，要充分考虑当地历史文化资源情况，防止千篇一律。文化底蕴深厚，资源丰富的地方可以建设，相对较少的则不建，将相关功能并入文化馆或图书馆。

3.设定针对特殊群体的制度

明确公共文化设施建设要充分考虑残疾人、老年人、未成年人的需求，建设便利的设施，开设专门空间。

（二）关于公共文化设施的功能

综合来看，我国现有政策法规对公共文化设施的定位有所体现，在《公共文化体育设施条例》中对于公益性文化机构的性质予以确定，但具体职能规定得比较原则，没有按照不同类别明确其职能。可以通过单独制定规范性文件的形式，也可以体现在一项政策法规之中。博物馆、图书馆、文化馆的职能基本形成共识，且在《博物馆管理办法》以及关于图书馆、文化馆的地方性法规中有了规定，但相对比较分散，有的说法也已与当前形势不符，需要予以调整，特别是提高效力层次。应尽快出台《公共图书馆法》《博物馆条例》，明确公共图书馆、博物馆的职能。要明确不同层级文化设施功能有所区别，各有侧重。

（三）关于公共文化机构的设立准入和变更监管

建立公共文化机构注册登记制度。公共文化机构是为公众服务的公益性机构，必须有严格的准入制度，不是随便挂个牌就成立。文化行政部门对此负有管理责任。目前，只有《博物馆管理办法》中对博物馆的设立、年检和终止做了规定，明确了博物馆应该具备的条件、提交材料清单、审核程序。图书馆、文化馆、青少年宫等还没有明确规定。要完善公共文化机构设立准入制度，明确各类公共文化机构的设立必须经过审查、注册，明确文化行政部门负有审查批准的职责。借鉴国内外关于博物馆注册制度的成熟做法，将各类公共文化机构要具备的条件、申请的程序予以规定。建立监管制度，明确变更和撤销相关机构，应当报县级以上政府批准，并报上一级文化行政主管部门备案。政府举办的公共文化设施不得转让。对于民办公共文化机构予以规范，明确其性质、服务规范。要对博物馆、图书馆、美术馆的的规模、级别进行认证，还要对其是否符合这些设施的特征、对不符合要求的由相关职能部门责令其摘牌，停止业务活动。明确必须不以营利为目的，资产作为民办机构使用。对于擅自挂公共文化机构的行为，要予以惩处。

（四）关于公共文化机构的管理

（1）规范公共文化机构的理事会制度：借鉴国外关于博物馆、图书馆董事会、理事会的做法，建立公共文化机构专家咨询机制和集体决策制度。

（2）明确工作人员应具备相应的专业知识与技能。

（3）完善文献资源和藏品的收集整理、保管都要有完善的制度。

（4）明确内部管理规范，如聘用机制、绩效考评机制、奖惩机制。

（5）完善公共文化机构评估制度。目前，我国已开展了博物馆评估、文化馆评估和图书馆评估。但是偏重于硬件设施，对于服务功能发挥所占的权重还比较低，应予以进一步完善。区分设立硬件建设指数、服务指数两个序列，分别予以评分。

（6）建立文献信息资源和文物藏品的贮存、调配和剔除制度，以提高资源的利用率，定期对馆藏文化资源进行清点，对于有利用价值但利用率相对较低的信息资源，可在馆际之间调配使用，或者建立专门空间进行收藏。

（五）公共文化产品的提供制度

1.提供服务的基本原则

公共文化机构开展服务，都要坚持便民、高效的原则。馆舍服务与流动服务相结合。公共文化设施管理单位根据本设施的性质开展的正常业务活动和其他公益单位开展的文化活动。

2.免费开放机制

目前，国有博物馆、纪念馆、美术馆、图书馆、文化馆已经实现免费开放。今后科技馆、青少年宫等的公共文化设施也纳入免费开放范围。要明确的开放时间，不同文化机构的服务标准。

3.保护弱势群体、促进文化公平的政策

要明确公共文化机构针对未成年人、老年人、残疾人、进城务工人员的特点提供相应的公共文化服务，禁止拒绝残疾人、流浪人群进入等。

4.健全公民公共文化需求表达机制

坚持以人为本，使公共文化产品的提供方式由单方倾倒式供给转为供需双方有效对接，提高产品供给的有效性。加强宣传，培育公民权利意识。改革人民代表大会制度、完善人民政治协商制度和健全人民信访制度，健全公民公共文化需求表达的政治制度。建立听证制度、问卷调查制度、开通专门网站等形式，拓宽公民文化需求表达渠道，搭建沟通平台。

5.鼓励各公共文化机构充分运用科学技术

公共图书馆，博物馆应当不断完善、丰富馆藏文献信息资源和藏品。应当注重信息技术的应用，建设数字资源，对数字资源与传统载体资源进行整合，为用户服务。

6.建立资源共享机制

公共文化机构收集存储了大量文化资源信息，其中有很多涉及与知识产权权利人的关系。公共文化机构必须处理好公众利用和知识产权权利人利益的关系，保护好馆藏文献信息资源的知识产权，禁止购买或者使用盗版、假冒信息资源。

第六节　公共文化服务的绩效评价政策

作为内部控制与外部监督的重要工具，绩效考评是政府管理和决策的有效工具，是提高公共服务效率和水平的有效手段。实行以结果为导向的绩效管理，已成为国际上提高政府公共服务的流行趋势。在公共文化服务领域，利用现代公共管理模进行绩效评估非常重要。健全相关绩效评价政策将为评估的有效实施提供有力支撑。

一、政府绩效评估的由来

（一）政府绩效评估的由来

政府绩效管理也叫绩效考评是现代公共管理的前沿课题，也叫绩效评估，是对公共部门投入、产出进行评定和划分等级，即为绩效评估，也叫绩效考评，是政府绩效管理的重要组成部分。

对政府绩效问题的关注最早可追溯到20世纪50年代英美等国的预算和审计制度改革。20世纪70、80年代，面对财政困境和社会对政府公共服务需求的扩大，英国、美国、新西兰、澳大利亚等西方国家先后掀起了新公共管理改革热潮，政府绩效评估正是这场改革普遍采取的重要措施。20世纪90年代以来，随着"新公共服务""服务型政府"理念的提出，技术更趋成熟的政府绩效评估成为公共部门和组织服务绩效的有效根据。西方发达国家的公共部门绩效管理进入鼎盛时期。日本、韩国和我国的香港、台湾等地区，也在这一时期先后对公共部门开展了绩效评估。许多国家不仅有健全的专业绩效评估机构，而且也制定了相关法律制度。目前，绩效评估已成为各国公认的改革政府管理和决策的有效手段。实践表明，绩效评价是改革政府管理手段的有效手段。通过绩效考评，能够及时发现公共行政管理中的问题，将使各级政府从"拍脑袋"式的决策，转向务实、有效的科学决策。

（二）政府绩效评估

1.绩效评估的方法

绩效评估可分为内部评估和外部评估。所谓内部评估，可以是政府内部、公共组织或机构的内部（如政府财政审计、公共机构的员工考核等），也可以是行业内部。外部评估，则是与之相对应的"内部之外"，如公众评估、第三方独立评估机构的评估、行业外的社会评估、政府对行业的评估等。

起源于西方国家的绩效评估，其本质上是以结果为本的控制。20世纪80年代的主要侧重于投入产出比值，80年代中后期开始，引入了一系列软性指标，以反映公共机构真实的执政能力、服务质量和内外形象，评估的内容也开始转移到经济、效率、效果（3E）并重。90年代以后，评估重点转向行政效能，看公众是否满意。

近年来，西方发达国家对文化机构的评估内容正变得更加深入细致。传统绩效评估的侧重点主要集中在经济和效率上，由于对效率的偏重，方法上多使用理性涉及的模式确定硬性的评估指标，如投入产出比等，主要以福利水平为标准，忽视社会效益原则及公民满意原则。

关于绩效考评指标设定的原则，有SMART标准，即具体性（Specific），可量性（Measurable）、可实现性（Attainable）、现实性（Realistic）、时限性（Time bound）。

2.对政府支出绩效的考核

成本一效益分析作为政府公共支出的一种分析决策工具，其目标是保证公共部门把稀缺资源有效地配置到互相竞争的公共部门之中。在政府支出绩效考评方面，主要的考评方法主要有三种，即"3E"评价法，标杆管理法、平衡计分卡法。

（1）"3E"评价法

是20世纪60年代初英国雷诺效率小组在政府财务管理新方案中设立的，主要强调经济性，强调成本节约，目的是控制政府成本，即追求经济、效率和效益。

（2）标杆管理法

标杆管理法最早出现在20世纪70年代末，主要在企业管理领域应用。企业一般将领袖型企业作为标杆，将自身的组织机构、管理机制、业绩指标与标杆企业对比，查找不足，采取措施予以追赶和超越，最终提升企业绩效。对于政府机构而言，需要确定标杆，将阶段性成果与确定的标杆相比较，以便及时做出调整达到标杆水平。

（3）平衡计分卡考评法

这种方法从财务、流程、客户和创新学习能力等方面全面考察企业经营业绩的财务和非财务指标，精髓在于追求各种平衡，包括组织长期和短期目标、结果目标和过程目标之间的平衡，经营结果考核与将来绩效考评之间的平衡，组织满意程度与客户满意度之间的平衡，激励机制和产品服务增长之间的平衡。平衡记分法引入政府绩效考核，有助于构建一个健全透明的权责制政府预算和会计制度以实现公共资源优化配置；有助于改变政府和官员的行为习惯，使其更加注重提供公共服务的实际成果、法的内部管理控制机制引入，也有助于改进和完善政府公共部门的内部运行机制，强化政府公共部门的战略导向。

（三）发达国家对公共文化服务的绩效评估

20世纪80年代开始，西方国家把绩效管理引入文化领域，通过年报、财务审计、综合绩效审计等方式考评公共文化机构绩效。审计部门考核文化行政部门的绩效由并直接向立法机构负责，国家文化行政部门也肩负评估下属文化机构服务绩效的职能。

2007年英国审计委公布的2007/2008年版最佳价值绩效指标体系中，共有100多个指标，包括一般性指标和分类服务指标两类。其中关于文化及相关服务的指标共有5个，3个与博物馆、美术馆有关，1个与图书馆服务有关。美国联邦各文化机构绩效管理的内容包括三大项：绩效战略规划、年度绩效计划和年度绩效报告。美国国会图书馆的绩效评估内容有11项：编目的资源数，编目拖延的程度、馆际互借的流通量，联机和远程用户对联机目录访问的次数，回答的咨询次数、用户满意度、通过合作获取的资源数目、从合作方哪里获取资源为图书馆节省的费用、从合作方那里获取的书目控制和咨询数目、国内外信息界合作者的评价、与国会图书馆进行合作的国内外其他研究图书馆的专业人员数量。荷兰新市政管理法对地方当局的工作绩效评估，在公共文化和娱乐设施的管理等领域得到广泛应用。澳大利亚等国家通过组织绩效评估推动公共文化部门管理改革。

总体来看，公共文化服务绩效评估增强了公共服务的公共性、公益性和民主性；提升了政府的服务质量和公务员的责任意识；体现了公共机构提供公共物品的终极价值追求，为合理配置、高效使用公共文化资源、提升服务质量，提供了必不可少的技术工具和制度保障。

二、我国政府的绩效考评

（一）我国政府对现代绩效考评机制的引入

我国虽一直有对政府部门和官员进行绩效考核的传统，但是直至20世纪90年代才开始引入现代公共部门绩效评估的理论和方法。进入21世纪以后，随着我国服务型政府建设的推进和公共财政体制框架的逐步建立，公共部门的绩效评估问题逐渐成为中央机关、理论界和实务界关注的焦点。国务院有关部门以及福建、杭州、上海、深圳等地先后开展了不同形式的政府绩效评估，发展出多个政府绩效评估指标体系并尝试应用。已经试行的方法有的与目标管理责任制相结合，有的以公民满意度为目的来开展，有的由专业技能部门开展，有的与政务督查相结合，有的由第三方专业评估机构开展，有的引入通用模型进行，取得了一定经验。

（二）我国政府公共文化服务绩效考评的实践

当前，我国公共文化服务体系存在着资源配置不合理，城乡、区域不均衡，资源浪费，公共文化设施利用率低，公共文化产品和服务不完全符合人民需求等问题。建立科学有效的绩效评估机制，是推动政府和相关文化机构优化资源配置、提升供给能力和水平的有效举措。

国家"十一五"时期文化发展规划纲要提出，要建立健全公共文化机构评估系统和绩效考评机制。2007年中办、国办联合颁布的《关于加强公共文化服务体系建设的若干意见》中再次强调"要根据图书馆、博物馆、文化馆、乡镇综合文化站、电台、电视台和广播电视发射转播台等公共文化服务机构的特点，分类制定建设标准和服务标准，加强绩效评估。"国家十二五时期文化改革发展纲要指出要"制定公共文化服务指标体系和绩效考核办法"。这些重要文件都对开展公共文化服务体系的绩效评估提出了要求，但是还没有形成健全的机制。浙江、上海、深圳、江西、成都等地开展了公共文化服务绩效评估的探索。

当前公共文化服务绩效评价存在着一些问题，主要表现在：一是内部评价较多，大多是本系统、本行业的评价，缺乏社会第三方的评价；二是绩效评价没有被作为公共文化服务体系建设必不可少的流程。在实际工作中，往往缺乏这一环节；三是绩效评价缺乏规范性，还没有建立起科学的公共文化服务的评价体系，只有公共图书馆、文化馆、博物馆等部分领域出台了相关标准，但是指标设置比较笼统；四是标准比较单一，评估手段比较落后。五是绩效评价结果不能得到科学利用。绩效评价的结果应是下一轮公共服务水平提高的开始，从目前来看，还没有得到足够的重视。

三、公共文化服务绩效评估机制的构建

建立科学完整的评估指标体系，是科学评价工作、提升治理水平的重要方式。目前，我国公共文化服务绩效评估只有原则性规定，绩效评估实施过程中的组织建设、人才培养以及评估指标体系、评估程序和方法等，都还没有形成科学合理的制度化模式。因此，必须进一步予以完善。笔者认为，绩效评价政策包括以下内容：

（一）绩效评估的目标

公共文化服务领域引入绩效管理的目的，就是提高公共部门和机构配置公共文化资源的效能，提升公共文化服务水平，以更好地实现人们的基本文化权益，满足公民基本文化需求。这也是制定相关政策的宗旨。

（二）绩效评估的原则

1.坚持以人民满意为导向

公共文化服务体系的服务对象是人民，核心功能是为公众提供公共文化产品。

因此，必须把公民满意作为重要标准，设计出体现民众好恶取向的科学有效的绩效指标体系。

2.科学可操作原则

要要参照"SMART"标准来设计评估指标。评估方法程序要科学，要从多维度进行评估，实行动态化绩效管理，努力实现公共文化服务效益的最大化。

3.公开透明原则

公共文化服务的绩效评估要制定明确的标准，吸收社会公众参与评估，评估结果要向社会公布。

（三）绩效考核的方式和主体

绩效考核的方式分内部评估和外部评估。前者指政府有关部门及公益性文化机构针对自身的公共文化服务行为开展的评估。后者指作为其他社会力量所开展的评估。公共文化服务的绩效评估要采取内部评估与外部评估相结合的方式。之所以采取外部评估，是因为公共文化服务和产品的提供具有很强的公共性。政府的公权力来源于公民个人权力的合理让渡，因此，公民或者社会组织有权监督政府行为。公共文化服务的绩效评估，必须引入公众（社会）评估，至少应当是内部评估与外部评估（独立第三方评估、公众评估）的结合，而不应当局限在内部评估（政府内部、行业内部）。

公共服务绩效评估应该政府、社会、公众共同参与，逐步走向多元化。公民个体（普通公众或服务惠及群体）、专家学者、社会团体、大众传媒、中介评估机构等民间组织都可采取各种方式，直接或间接、正式或非正式地独立评价和审视公共文化部门的绩效。其中公民的参与能够更直接地考察公共文化服务是否全覆盖，是否让公众满意；专家学者以及专业社会团体或学术机构的参与，对公共文化艺术项目中的绩效目标的科学化确定及考核，具有推动作用；大众传媒或者网络资源的利用可以检验公共文化机构的影响力，起到监督作用；社会中介机构则能以其丰富的专业经验确保评价工作更加高效公正。总之，公众和社会力量的参与，能够有效地遏制政府部门徇私；同时，也能使各阶层有效表达文化需求和文化权益诉求，从而推动公共文化服务惠及全体公民。

另外，还要将评估与监督有机结合起来，通过党委政府、媒体、服务对象、第三方评估机构等主体多元参与的监督评估体系，以提高评估的科学性、客观性与监督的有效性。

（四）绩效评估的对象

（1）有关政府部门。公共文化服务是以政府为主体的公共服务，文化、财政等部门负有规划布局、资源配置、政策引导、组织实施等职能，因此应该作为评估对象。

（2）具体提供公共文化服务的公益性文化事业单位（如图书馆、博物馆、美术馆、文化馆、广播电视机构等）它们作为政府提供公共文化服务的窗口和平台，能够提供便捷、有效的公共文化服务，直接关系到公共文化服务水平。因此，也是评估的重要对象。

（3）社会力量兴办的非营利公共文化服务机构。民办图书馆、博物馆、文艺协会等机构承担了提供公共文化服务的责任，其服务质量好坏也与社会公众密切相关，因此，也应纳入评估体系。

（五）绩效考核内容和标准

1.主要内容

公共文化服务体系建设的终极目标是保障实现公民的文化权利，促进文化事业发展繁荣。因此，公共文化服务的绩效评价也应以此作为评判准则，来评判相关部门履职是否到位，工作效率和水平是否令公众满意，公共文化服务是否促进文化创造活力的迸发、推出了更多文化产品，是否增强了公共文化供给的能力，是否为公众提供更多文化参与、文化享受的机会，还要看是否有利于公民文明素质提升和文化创造能力提高，是否有利于塑造公民现代人格、提升国家精神，从而促进社会全面进步等。具体内容，可分为包括三方面；

（1）效率评估：主要看公共文化服务的方案最终是否达到了预期目标，是否实现了最低支出前提下预期目标的实现。

（2）效益评价：是指重大文化项目的实施和公共文化机构的公共服务是否产生了良好的社会效益，公众是否从中获益。

（3）公平度评估：是指公共文化服务是否为公众提供了平等参与的机会，尤其是否对不同人群、种族提供同样的机会。

2.公共文化服务绩效评价的指标

绩效评估的关键是建立科学的评估指标体系。现在我国已经开展了一些传统考核，如全国文化先进县评比、图书馆评估定级、文化馆评估定级，设定了一些指标。文化部门限于政府内部进行的目标责任制也提供了部分指标，政府部门和事业单位的财务审计、人事管理中的公务员考核也各有指标。但是，总的来看，还没有完全建立完善的科学的指标体系，更缺乏关于绩效评估的规范性要求。今后，要科学合理制定政府部门绩效指标体系、博物馆服务绩效评估指标体系、公共图书馆服务绩效评估指标体系、文化馆绩效评估指标体系、文化遗产保护绩效评估指标体系、广播电视公共文化服务绩效指标体系等。要针对评估对象的特点，设定不同层次、不同功能的评估体系。

基于公共文化服务的群众满意度，要设定以下几方面指标：第一，公共文化服务的可得性，以检测公共文化部门服务的量和类型是否反映了目标群体多样化的特点和多样化的需求。第二，公众知晓度，监测公众对公共文化服务的知晓程度和获得有关信息的便利度，以及目标群体中知道特点服务内容的对象所占的比例。第三，公共文化服务便利度，通过公共文化服务网点的集中或分散程度和服务半径，以及公共文化部门工作程序的简化和合理程度来监测公众获取和享受公共文化服务的方便程度。

（六）考核的奖惩制度

我国现有部分地区的文化绩效评估实践证明，如果缺乏与评估挂钩的奖惩机制、资源分配机制等涉及利益分配的配套政策措施，就无法获得被评估对象的积极配合，评估往往流于形式，评估效果会大大削弱。为保证绩效评估的有效性和公平性，必须明确相应的奖惩机制。如将评估结果与资金持续投入、相关人员收入和职位晋升、公共文化服务示范区评选等挂钩，作为公共文化资源分配的重要依据。

第四章　公共文化服务大数据采集方法研究

第一节　公共文化服务的大数据采集的理论基础

公共文化服务是提高人民生活质量、扩展人民生活视野的有效途径。公共文化服务体系数字化建设则是国家和每个人民的责任和义务。21世纪以来，国家层面有计划地启动了公共文化服务和管理的数字化建设探索。随着云计算、大数据等技术的发展，搭建云平台，利用大数据的分析和预测功能以实现各种公共文化服务资源的最大共享，也便于对群众的文化需求进行收集、反馈，及时调配资源，丰富供给。但实现这一切的首要前提是需要有具体分析的对象，即各类公共数字文化共享服务所需的分析数据，因此，本书主要研究相关数据的采集问题，包括对采集数据的要求和不同数据采集方法的研究。

大数据采集技术是进行数据存储、预处理和挖掘的基础。传统的数据采集技术主要包括普查、抽样调查和统计报表等。随着技术的发展，以下几种大数据成为大数据采集的重要来源方式。

一、传统数据ETL

采用 E（抽取 Extract）T（转置 Transform）L（加载 Load）将来自不同数据库中的数据按照统一的模型集成整合到采集数据库中，是获取数据的重要方式。ETL将分布的、异构的数据，如关系数据、平面数据文件等抽取到临时中间层后进行清洗、转换、集成，最终按照定义好的数据模型，将数据加载到目标数据库中。

二、日志信息获取

信息平台每天会产生大量日志，如流式数据、Pageview、查询等。需要将不同的日志源上收集到的相关日志，存储到一个中央存储系统（可以是 NFS、分布式文件系统等）上，便于集中进行统计分析处理。系统需为日志的"分布式收集，统一处理"提供一个可扩展的、高容错的方案。很多互联网企业都有自己的海量数据采集工具，多用于系统日志采集，如 Hadoop 的 Chukwa、Cloudera 的 Flume、Facebook 的 Scibe 等，这些工具均采用分布式架构，能够满足每秒数百兆的日志数据采集和传输需求。

三、媒体流获取

媒体流技术是网络音频、视频技术发展到一定阶段的产物，涉及数据的采集、压缩、编码、存储、传输及网络通信等多项技术。流媒体技术应用到移动网络和终端上，称为移动流媒体技术。流媒体数据量较大，对介入的媒体流可采用集群的方式，将媒体流使用分布式文件存储落地。媒体在接入服务的同时生成媒体的描述信息、摘要信息，保存到关系数据库中，供检索使用。

四、网络数据获取

网络数据获取是指通过网络爬虫或网站公开 API 等方式从网站上获取数据信息。该方法可以将非结构化数据从网页中抽取出来，将其存储为统一的本地数据文件，并以结构化的方式存储。它支持图片、音频、视频等文件或附件的采集，附件与正文可以自动关联。

网络数据获取是利用互联网搜索引擎技术实现有针对性、行业性、精准性的数据抓取，按照一定的规则和筛选标准进行数据归类，并形成数据库文件的过程。无论是从网络采集数据进行数字资源建设（如国家政府公开信息采集平台），还是从论坛、微博进行用户舆论监测，都可以使用该技术。

五、传感器获取

传感器数据是大数据的一种重要来源。传感器是一种监测装置，能感受到被测量的信息，并能将感受到的信息，按照一定规律转换成电信号或其他所需形式的信息输出，以满足信息的传输、处理、存储、显示、记录和控制等要求。传感器在社会生产和生活中都有广泛应用，主要将物理世界的数据测量显示出来，如PM2.5检测仪、自动水龙头、自动门禁、智能手环等软件、信息系统，新媒体产生了今天的数据爆炸，未来将进入传感器时代，从而引起更大量级的数据爆炸。

作为物联网的关键，传感器承担着数据采集和传输的重任，物联网的世界，传感器将无所不在。

第二节 公共文化服务的大数据采集的关键技术

各类公共数字文化共享服务所需的分析数据主要包括以下 3 个方面：辅助服务数据的采集、线下体验的用户数据的采集、公共数字文化全国共享服务平台的平台运行数据的采集。

一、辅助服务数据的采集

辅助服务数据是指来自平台外，但是能够为平台资源的组织、调度等提供有价值的依据的数据。它主要包括来自公共文化相关历史统计数据和公共文化相关网络数据。

公共文化相关历史统计数据包括各种统计年鉴、统计报表等。这类数据在前期的公共数字文化资源的组织中具有较好的参考作用，可以根据对这些历史统计数据的分析，得出一些初步的决策信息，如不同类型资源的受欢迎程度、不同地域人群对资源的需求、不同的访问需求等。这些初步的决策信息，对于公共文化数字资源的组织方式、部署方式将会起到非常重要的作用，尤其是在平台没有运营之前，无法对平台本身的运行数据进行分析，对这部分数据的分析显得尤为重要。因此，需要对这类数据进行采集。

公共文化相关网络数据包括博客、微博、论坛及新闻等。历年的公共文化相关历史统计数据，具有一定的参考价值，但是其本身也有局限性。主要原因：首先它是各类机构或者个人通过某些分析手段形成的第二手数据；其次它的统计更多地来自一些传统的统计手段，可能统计面比较窄。而通过对公共文化相关网络数据如博客、微博、论坛及新闻等的抓取，然后对这些数据采用大数据的分析方法进行分析，可以得出一些初步的决策信息。例如，网络上大家最喜欢什么资源，不同地方的人喜欢什么资源，人们最喜欢在什么时间访问什么资源等。这些通过对网络资源计算分析得出的决策信息，对于公共文化数字资源的组织方式、部署方式将起到非常重要的作用。因此，同样也需要对这类数据进行采集。

二、线下体验用户数据的采集

用户使用公共数字文化共享服务主要有两类方式：一类是通过各种终端在线访问公共数字文化全国共享服务平台的方式实现。而对于一些偏远山区的农牧民等，由于网络不畅，难以通过在线方式实现访问，只能通过离线方式将资源从数字"加油站"拷贝到自己的终端进行使用或者实现离线互动体验。在线用户对数据访问的各种行为数据，公共数字文化全国共享服务平台会自动记录为日志或者通过运行在平台上的特殊抓取软件将用户详细行为抓取存储在平台上。但是，离线的用户数据却无法直接存储在公共数字文化全国共享服务平台上。因此，对运行在用户客户端的用户的各种详细行为数据采集也是一个重要组成部分，其通过各种离线体验等应用系统产生的日志或者由特殊软件实现用户行为的抓取来实现。

三、公共数字文化全国共享服务平台的平台运行数据的采集

公共数字文化全国共享服务平台在运行中，会自动产生或者通过某些特殊的软件插件获取平台本身在运行过程中出现的数据。这部分数据最客观真实地记录了平台运行过程中资源的访问热度、平台的运行效率与故障、用户与资源之间的交互行为等情况。有了这些平台运行数据，就可以精确分析出资源的访问热度、平台的运行质量与故障出现情况、用户的各种资源使用行为（兴趣爱好、访问时段、访问方式等），从而既可以帮助平台实现公共文化数字资源的组织优化及资源调度优化等，又可以分别从多维度实现各类统计分析服务。因此，对公共数字文化全国共享服务平台的平台运行数据进行采集是最为重要的一部分。这类数据的采集主要包括平台运行过程中自动产生的日志数据的采集及通过运行在平台中的用户详细行为数据（用户在搜索、浏览内容、浏览时间、打分、点评、加入收藏夹、取出收藏夹、加入资源访问期待列表，以及其在共享服务平台上的相关行为，如参与讨论、平台BBS上的交流、用户的互动等所有行为数据）的抓取软件所搜集到的用户详细行为数据的采集。

第三节　公共文化服务大数据的采集方法

一、数据采集路线

图4-1展示了公共数字文化共享服务的数据采集技术路线。该部分的研究主要实现三大类型数据的采集，分别是：辅助服务数据的采集、线下体验用户数据的采集及公共数字文化全国共享服务平台的平台运行数据的采集。

（一）辅助服务数据的采集

具体包括公共文化相关历史统计数据的采集和各类网站与公共文化有关的数据采集。其中，公共文化相关历史统计数据的采集主要通过搜集图书馆、博物馆、公共文化研究机构、公共文化发展中心及其他公共文化机构的历史统计数据，形

成各种统计报表、统计年鉴及其他的统计数据等，最终实现该部分数据的采集。公共文化有关数据的采集主要通过对新闻网站、视频网站、公共文化机构网站、社交网站及其他与公共文化相关网站的数据采集，具体实现方法有：通过协商的方式在网站拥有者允许的前提下获取部分数据或者通过网络抓取软件抓取部分免费公开的数据等。最后形成来自各类网站的与公共文化相关数据，如相关新闻数据、相关视频数据、相关社交数据、公共文化机构相关数据及其他各种与公共文化相关数据等。

（二）线下体验用户数据的采集

主要从用户线下体验应用系统，如书法体验设备中采集用户的各种数据，尤其是行为数据。将这些用户数据采集后存储到数据库中，以供以后分析。

（三）平台运行数据的采集

主要采集公共数字文化全国共享服务平台的平台运行数据。它主要包括两类数据的采集，分别为平台的运行日志数据及用户的详细行为数据。平台的运行日志数据，直接通过开放接口获取即可。虽然平台的日志会记录用户的行为，但是有很多详细的行为仍然难以获取，因此需要开发相应的软件来获取用户的详细行为数据，以实现其采集。

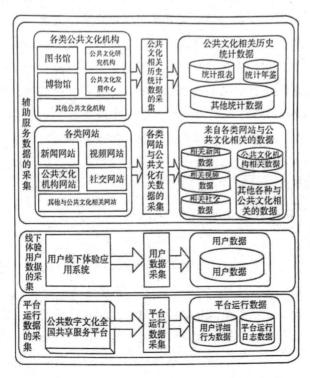

图 4-1 公共文化服务大数据采集技术概念

二、传统纸质文献数据的采集

传统纸质文献主要存在于图书馆、公共文化发展中心等公共文化机构。纸质文献的数据采集方法主要基于光学字符识别（Optical Character Recognition，OCR）技术，通过光学扫描仪将纸质文献扫描下来，然后通过文字识别技术进行数字化，转化成为电子文档，最终成为公共文化服务大数据平台的有效数据。

文字识别技术是指利用计算机自动识别字符的技术。文字识别一般包括文字信息的采集、信息的分析与处理、信息的分类判别3个部分。

第一，文字信息的采集：将传统纸文档上的文字转换成电信号，以数据的形式传送到计算机中。目前文字信息采集装置有飞点扫描、摄像机和激光扫描等。

第二，信息的分析和处理：转换后的电信号会由于印刷质量、纸质或书写工具等因素造成噪声和冗余，所以需要进行大小、粗细等一系列的正规化处理，保证信息的准确与真实。

第三，信息的分类判别：经过信息的分析与处理之后获得的文字信息即为所需的信息，为了便于管理或操作需要对处理后的文字信息进行分类，故最后一步为分类判别，然后输出识别结果即可。

文字识别可应用于许多领域。例如，在生活中我们有很多电子读物、不同语言间互译及对于图书馆或博物馆的文献资料的检索等。又如，在工作中会遇到大量统计报表、银行会产生大量的支票、超市结算时对商品编码的识别等，这些工作都可以使用文字识别技术进行自动化处理。由于本部分主要是研究基于公共文化服务大数据的采集，我们主要研究 OCR 技术的应用，并着重介绍目前国内有实力的 OCR 识别软件，并对其在图书馆和博物馆中的应用进行简要说明。

文字识别（Optical Character Recognition，OCR）是通过扫描仪或数码相机等电子设备检测印在纸质媒介上的字符，然后用字符识别方法将检测到的纸上的字符处理成计算机可以识别的文字过程。

（一）目前国内最有实力的 OCR 文字识别产品

1. 云脉 OCR

云脉的研究重点主要是文字识别及同步技术。在文字识别方面，云脉已经研发出多款产品，包括证件识别、文档识别和拍照翻译等。其中，证件识别软件结束了对于传统的身份证、护照或户口簿信息的查询与批量管理扫描、复印、手动录入的方式，只需要一部手机，就可以完成拍照、导入、识别、自动分类，还可以进行核对信息、批量管理、导出表格等操作。文档识别是利用手机摄像头拍摄文档图像的方式，自动识别图像上的文字信息，同时可以在线翻译，并分享给好友。拍照翻译也是利用手机摄像头直接拍摄文档图像，将用户所选的单词或词组进行翻译，还具有在视频状态下取词、直接在谷歌搜索关键字、分享给好友等功能。

2.汉王OCR

汉王拥有联机手写识别、光学字符识别、数位绘画板等领域的多项核心技术。汉王研发出汉王电子纸、速录笔；在企业办公及应用方面，汉王有人脸通、文本仪、文本王等产品；在行业应用及解决方案方面，汉王有针对教育、金融等行业的文表识别解决方案，有针对智能交通的交通管理识别监控系统。

3.文通OCR

文通凭借清华光学字符识别TH-OCR及手写识别两大核心技术研发出一系列产品。例如，文通TH-OCR资料数字化系统可以完成档案、图书、期刊、报纸等纸质文档，以及电子图像资料的数字化加工。

（二）OCR在图书馆和博物馆中的应用

1.OCR在图书馆中的应用

OCR技术在图书馆文档加工中的应用程序如下：

纸质文献—扫描处理—文件加工—存储管理—Web服务器—查询检索—本地阅读或远程阅读。

2.OCR在博物馆中的应用

在博物馆中不仅存在大量的文献书籍、统计报表，还包括很多野外拍摄的文物古迹图片、名人字画等。若想使这些文献或图片里的文字能被计算机查询检索，手工输入又比较慢，就不仅需要扫描、拍照，更需要OCR文字识别技术来进行处理。其相应的处理过程和OCR在图书馆中的应用类似，此处不再赘述。

三、网络公共文化大数据的采集

（一）网络抓取技术研究

网页抓取技术，也被称为网络爬虫机器人，能够根据网页IP地址，通过网页之间的连接关系，按照一定规则对网页的内容进行抓取。网页的抓取策略可以分为深度优先、广度优先和最佳优先3种。其中，常用的是广度优先和最佳优先策略。

网络爬虫按照系统结构和实现技术大致可以分为以下几种类型：通用网络爬虫、主题网络爬虫（聚焦网络爬虫）、增量式网络爬虫、深层网络爬虫。实际应用中，网络爬虫系统通常是将几种爬虫技术融合在一起来实现复杂的数据抓取需求。

1.通用网络爬虫

通用网络爬虫的体系结构如图4-2所示，通用网络爬虫从预先选取的初始

URL种子集合开始，不断地从待爬行的URL队列中读取URL，并将页面下载存入页面库中，同时对下载的页面进行分析，获得新的URL继续爬行，如此循环直到待爬行队列为空或满足系统终止条件。

通用网络爬虫的优缺点：

①通用网络爬虫适用于搜索范围较广的情景，但由于抓取页面范围广，所以抓取的结果包含大量用户不需要的页面。

②由于抓取的页面要尽可能广，所以对爬行速度和存储空间要求很高，由于待刷新的页面太多，故采用了并行工作的方式。

③对于页面抓取的顺序没有要求，但是对于信息含量密集的结构化页面数据不能有效获取。

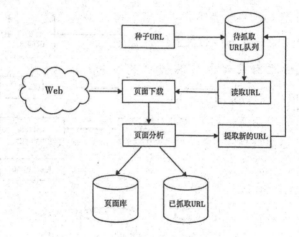

图4-2　通用网络爬虫的体系结构

2.主题网络爬虫（聚焦网络爬虫）

主题网络爬虫的体系结构如图4-3所示，主题网络爬虫是从预先设定的URL种子集合开始，根据给定的主题，按照一定的分析方法对网页进行抓取，其爬行过程中要不断地过滤掉与主题无关的网页并将与主题相关的链接存入待爬行队列，直到待爬行队列为空或者满足某爬行终止条件。与通用网络爬虫相比，主题网络爬虫增加了对页面内容和页面中的新链接进行评价的环节，以便找到更符合主题的内容。

主题网络爬虫的优缺点：

①主题网络爬虫只爬行与设定主题相关的页面，极大地节省了硬件和网络资源，且速度更快。

②主题网络爬虫可以帮助人们获取某特定领域信息。

③由于主题网络爬虫只爬行与主题相关的页面，故算法、策略、需要解决的问题都更加复杂。

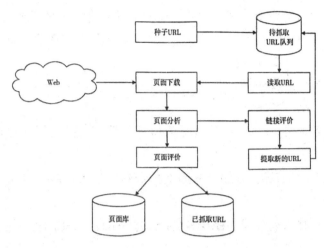

图 4-3　主题网络爬虫的体系结构

3.增量式网络爬虫

增量式网络爬虫的体系结构如图4-4所示，增量式网络爬虫是在有一定数量规模的本地页面集合的基础上，爬行过程只针对新产生或发生变化的页面，从而尽可能地达到与网络中的信息完全一致。

增量式网络爬虫的优缺点：

①增量式网络爬虫只会爬行新产生或发生变化的页面，并不重新下载没有发生变化的页面，可有效减少数据下载量。

②及时更新已爬行的页面，提高了爬行效率，但是增加了算法的复杂度。

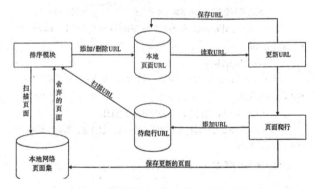

图 4-4　增量式网络爬虫的体系结构

4.深层网络爬虫

互联网的页面按其存在方式可以分为表层网页和深层网页。表层网页是指通过传统搜索引擎可以索引，并且通过超链接可以访问的网页。而深层网页是指那些存储在网络数据库中，需要用户提供相应的表单信息访问而不能通过静态链接访问的页面。深层网络中可访问的信息容量是表层页面的几百倍，因此，是更具有价值的信息资源。深度爬虫与常规爬虫的不同在于，深层网络爬虫在对页面进行分析时还要分析是否有隐藏在深层网络的入口表单，若存在则需要通过一定的算法对表单进行分析、填充、提交，并从返回的页面中提取所需的内容。深层网络爬虫的体系结构如图4-5所示。

公共文化服务大数据

深层网络爬虫的优缺点：

①深层网络爬虫能抓取深层网页的信息，大大提高了可获取信息的含量和质量。

②由于深层网页无法通过超链接直接访问，故深层网络爬虫的算法复杂度很高。

③深层网络爬虫要访问存储在数据库中的资源，因此，要考虑被当成恶性攻击而被拒绝访问的问题。

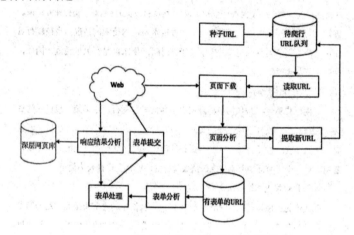

图 4-5　深层网络爬虫的体系结构

（二）网页抓取策略研究

网页抓取策略是网页爬虫的关键技术之一。针对不同的网络爬虫技术和实际使用需求，相应地采取不同的网页抓取策略，简单介绍如下。

1.深度优先策略

深度优先策略的基本方法是从初始的种子URL中选取一个作为起始页，然后按照这一路线由浅入深，一个链接一个链接地进行访问，直到不能深入为止。然后再选择另一条路线继续爬行，当所有链接都被访问后，爬行任务结束。该策略适用于爬行的页面层次较浅的垂直搜索或站内搜索的情况，当被爬行页面层次较深时，对存储空间的需求及爬行时间的要求都是巨大的挑战，因此，会造成资源和时间的浪费。

2.广度优先策略

广度优先策略按照网页目录层次的高低进行爬行，位于第一级目录的页面首先被爬行，当同一级目录的页面都被爬行完成后再爬行其下一级目录的页面，直到所有页面都被爬行完毕。这种策略能够有效地控制页面的爬行深度，避免遇到一个无穷深层分支时无法结束爬行的问题，实现也较为简单。

3.最佳优先抓取策略

最佳优先抓取策略要和网页分析算法结合使用，通常要按照一定的网页分析算法计算待抓取的 URL 页面与目标页面或设定主题的相似度，并从中挑选出相似度最高的页面进行抓取。即采用最佳优先抓取策略的爬虫只抓取那些经过分析计算后认为最有价值的页面。

（三）　开源网页抓取工具研究

网页抓取技术属于比较成熟的技术，并有多种可用于生产环境的开源工具集可供选择，比较著名的有 Apache Nutch、Larbin 等。本项目在合适的爬虫工具的基础上进行优化，实现高效抓取网络公共文化数据的功能。

本项目使用 Apache Nutch 作为网页抓取工具。Nutch 的核心技术基于 Apache Lucene。Nutch 主要用于网页数据采集，对采集到的数据进行分析，并建立索引，同时提供访问接口来对网页数据进行查询。Nutch 使用 Hadoop 来做分布式计算与存储，索引使用开源的 Solr 分布式索引框架来实现。

四、基于文化体验设备的用户行为大数据的采集

（一）　体验设备传感器数据采集技术研究

传感器用于将物理变量转化为数字信号以待处理。常用的传感器包括声音、振动、压力、温度、湿度和距离等。其工作原理是通过有线或无线网络将信息传送到数据采集点。随着计算机技术、网络技术、通信技术的发展，传感器也朝着智能化、虚拟化、网络化趋势发展。

1.智能化传感器

智能化传感器相比于传统的传感器增加了许多智能化功能，如自校准、自补偿、自诊断、数据处理、信息存储等。它是将传统的传感器和微处理器及相关电路组合在一起实现的。它可从被测量的对象中获取物理信息，然后转换成电信号并按要求处理信息，通过执行器对目标实施控制，同时系统通过通信接口与其他微系统保持联系。可见通过智能化传感器我们可以将数据进行简单的处理然后再收集。

2.虚拟化传感器

将传统传感器、计算机和软件三者以某种特定的形式结合在一起形成的传感器称为虚拟化传感器。这种传感器是基于计算机平台开发的纯软件传感器，即利

用软件来建立传感器模型、标定参数及标定模型，到达最佳的组合以实现传感器的最佳性能指标。虚拟化传感器的工作原理是将数据采集器和计算机相连，首先从计算机输入该传感器的序列号，再读出传感器配置相关的数据，并检查传感器是否正常，然后自动读取传感器参数、设置传感器工作形式并自动记录工作。

3.网络化传感器

网络化传感器是指传感器在其所使用的环境下实时地通过 TCP/IP 协议，将测得的数据在网络所能及的范围内实时发布和共享。网络化传感器分为有线网络传感器和无线网络传感器。有线网络传感器通过网线收集传感器的信息，这种方式适用于传感器易于部署和管理的场景，如视频监控系统对地观测、深空探测等。

（二）软件系统用户行为数据采集技术研究

对于离线体验等应用系统的数据采集可以采用日志采集的方式或使用特殊抓取软件的方式进行。网络信息抓取软件是指根据设定的抓取目标和范围在网页中抓取所需的信息并经过一系列的处理后保存到数据库中的软件。

五、文化机构的各种公共文化服务大数据的采集

通过接口可以对公共文化服务机构的数据进行读取。由于企业竞争的激烈及科学研究数据的宝贵，所以对于企业生产经营数据或学科研究数据的保密性要求比较高，故无法通过网络爬虫或者抓取软件来获取，但可以通过与企业或研究机构合作，使用特定的访问接口等相关方式采集数据。

例如，在 Web 应用程序中，必须提供统一的数据访问接口，以便不同的第三方都能够使用。这里我们采用的是基于 RESTful API 的统一数据访问接口，RESTful API 对应用程序的设计提供一组设计原则和约束条件，但这组设计原则和约束条件并不是标准，而是满足一定的设计风格。RESTful API 主要用于客户端和服务器之间进行交互，因此，基于 RESTful API 设计的软件可以更方便地进行数据访问，同时也更简洁、更有层次、更易于实现缓存等机制。通过 RESTful API 的统一数据访问接口我们可以通过提交简单的 HTTP 请求的方式来获得数据。

（一）图书馆大数据的采集

大数据采集的整体策略是：对于直接开放数据库接口的平台采用数据库直接采集的方式；对于开放程序接口的平台利用其 API 进行数据获取；对于无开放接口的平台则需进行网络爬虫技术、网页抓取策略及网页分析算法的研究。

图书馆由于信息系统建设较为成熟，大多数数据可直接从数据库获取。例如，图书馆设施设备数据、图书馆人员数据可从图书馆馆情调研统计系统或信息化统计系统中采集。图书资源信息、读者信息、文献流通信息、读者访问量可从图书

馆业务自动化系统中直接采集。部分检索信息、网上咨询信息可从数字图书馆专业服务系统直接采集。

一些数据的获取需要对信息平台进行日记分析，如读者对数字资源与网络资源进行访问、浏览、查询、下载、交流、互动的行为数据。这些数据形式复杂，数量庞大，传统关系数据库可能难以在合理的时间内进行存储与运算，新兴的数据存储与管理系统（如各类NOSQL数据库产品），则可有效地解决这一难题。

图书馆通过传感器获取的数据可直接从传感器系统中读取。例如，通过红外技术、视频分析技术分析图书馆人流量统计数据。通过RFID获取图书或架位基本信息的自助借还数据、自动排架数据等。另外，可通过网络获取的数据有：讲座、展览等活动反响反馈信息，关于服务的舆论、反馈信息，关于读者身份、习惯、兴趣的网络挖掘信息。

（二）文化馆大数据的采集

文化馆大数据的采集主要从文化馆信息管理系统、数字服务平台中直接获取。但是由于文化馆的信息化建设情况相对落后，目前文化馆大数据的采集量十分有限。

解决这一问题的有效办法是文化馆加强信息化系统的应用。例如，建设群众文化活动管理系统，对文化馆总分馆体系下的各种文化活动进行有效的管理，包括活动组织策划、人员管理、用户管理、活动流程管理等，有效地实现文化活动的科学管理和信息化管理，并为大数据分析提供必要的基础数据。

此外，文化馆应积极加强新技术的服务应用。例如，在文化馆等服务阵地设置具有触摸互动功能、实时下载功能的多媒体终端、电子展示墙等专业设备，向群众动态实时展示文化艺术资源；应用文化艺术线上培训系统（包括MOOC、微课堂等）、群众自创文化资源创客系统等信息服务系统。这些系统既能提高群众的服务感受，又能采集大量的用户数据，为大数据分析应用提供条件。

（三）博物馆大数据的采集

藏品信息的采集，主要通过藏品基本信息数字化、数字影像采集、三维建模等方式，获取藏品本体结构信息、功能性信息、环境联系信息及时间记录信息等，构建以海量数据存储、非结构化影像数据处理、多维表现方式等为基本特征的数字博物馆信息资源平台。

藏品的展出信息、参观人流、停留时间等受关注度情况，则需要通过分析观众流量统计与监控系统进行采集。人流量的采集可以通过视频、红外、门禁刷卡等技术来实现。参观者的位置信息则利用室内定位技术进行采集。GPS是目前最广泛的定位技术，但室内定位精确度较低。目前随着无线通信技术的发展，新兴的无线网络技术，如 WiFi、ZigBee、蓝牙和超宽带等在室内定位方面得到了广泛应用。

物联网（The Internet of things）是利用传感技术，按约定的协议，把所有物品与互联网相连接，进行信息交换和通信，以实现对物品的智能化识别、定位、跟踪、监控和管理的一种网络。在博物馆中，除了应用照相、音视频等传统的数据采集手段，传感技术更多地是指利用射频识别（RFID）、红外感应器、全球定位系统、激光扫描器，以及传统的热、光、气、力、磁、湿、声、色、味敏等传感器件，获取博物馆藏品、设备设施、库房展厅建筑、周边环境与人员位置信息等的技术。

票务数据、设备数据、博物馆商店数据等是结构化的关系数据库，也是直接采集的数据，采集难度不大。读者通过 PC 机、移动终端等各种途径访问博物馆数字资源的数据。参考咨询、文献传递数据等各种数字服务数据，这些数据采集方式与数字图书馆类似，大量用户点击行为、网络使用行为、非结构化的图形、多媒体数据，采集数量大，需进行分层存储管理机制的研究。

六、大数据平台运行数据的采集

线上用户行为的原始数据会以日志文件的形式记录下来。平台资源的使用情况及平台的性能变化情况同样会以日志的形式记录下来，保存在文件中。Web 服务器日志文件格式有 3 种类型：通用日志文件格式、扩展日志文件格式和 IIS 日志文件格式。所有的日志文件格式都是 ASCII 文本格式。

（一）平台资源日志采集技术研究

对于公共文化服务大数据平台资源及性能日志的采集，本项目使用 Apache Flume 来实现。Flume 开源分布式日志采集系统，使用 Apache Flume 采集日志并将数据存入数据库，如 Apache HBase。Flume 是一个可扩展、高可用性的日志采集系统。Flume 扩展性很强，能够像积木一样组合搭建，进行并行处理，可以灵活地组合实现复杂的采集任务。Flume 由三部分组成，Source 从应用程序的系统中读取日志文件，送到 Channel 中，通过 Channel 送到 Sink，Sink 负责将数据送到数据处理模块或者数据库中。Flume Agent 对用日志数据进行监控，并将日志中的增量数据送往数据处理模块。

如图 4-6 所示，对于平台性能及资源日志，数据采集过程如下：

①Flume Agent-1 从平台资源使用日志和平台性能日志中提取最新的数据；

②Flume Agent-1 将提取的日志数据传送到平台日志数据处理模块；

③平台日志数据处理模块利用 Spark Streaming 流计算框架对日志数据进行处

理，用于提取日志分析所需要的有效数据；

④Spark Streaming计算框架将数据发送回平台日志数据处理模块；

⑤平台日志数据处理模块将有效的日志数据发送到HBase数据库进行持久化存储。

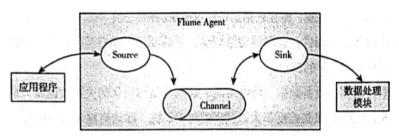

图4-6 Apache Flume架构

除了Apache Flume还有其他类似的日志采集技术。

1.Scribe

Scribe是由Facebook开发的开源日志收集系统，部署在Facebook服务器并已经得到大量的应用。Scribe能够从各种日志源上采集日志数据，并将数据存储到一个中央存储系统上。Scribe的容错性非常好。Scribe的架构主要包括3个部分，分别为Scribe Agent、Scribe和存储系统。Scribe Agent基于Thrift技术，本质上是一个Thrift Client。用户可以使用Scribe定义的Thrift接口将数据发送给服务器端。Scribe接收到Scribe Agent发送的数据，根据配置文件的参数设置，将不同Topic的数据发送给不同的存储系统，如单机文件系统、网络文件系统等。

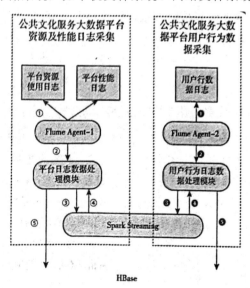

图4-7 公共文化服务大数据平台日志采集架构

2.Apache的Chukwa

Chukwa是基于Hadoop的产品，它提供了多个模块用以对Hadoop集群日志进行分析。Chukwa支持多种数据源，如File、unix命令行工具等。Chukwa以HDFS文件系统作为存储系统。

3.LinkedIn的Kafka

Kafka是一个分布式消息系统，使用了多种效率优化机制及Push/Sub架构，适合异构集群。KafKa使用Topic来组织消息。KafKa主要由Producer、Consumer和Broker组成。Producer向某个Topic发布消息，消息会暂时存在Broker中，而Consumer订阅某个Topic的消息并且会主动地从Broker中读取消息。

（二）用户行为日志采集技术研究

1.Web Usage Mining

Web Usage Mining是指从Web服务器端记录的用户访问日志和从用户浏览信息中抽取感兴趣的模式的过程。一般分为4个阶段：数据采集、数据预处理、模式发现、模式分析。Web使用挖掘的一个关键步骤是数据采集，采集到的数据质量直接对最终挖掘结果的质量产生影响。Web Usage Mining主要面临着3个基本问题：用户识别、用户会话识别、用户在Web页面停留时间的计算。下面将根据这3个问题讨论用户行为数据采集方法的优缺点。

2.数据采集的分类

按照用户行为数据的采集位置可以分为：基于服务器端的数据采集、基于客户端的数据采集和基于代理服务器端的数据采集。按照采集数据的策略不同，又可以分为：主动式数据采集和被动式数据采集。而这两种分类方式可以组合使用。例如，基于服务器端的数据采集就可以分成主动的服务器采集方式和被动的服务器采集方式。

（1）基于服务器端的数据采集

①主动式服务器端数据采集。主动式服务器端采集可以解决用户识别问题。主动式服务器端采集采用Cookie技术。Cookie是Web服务器上的一段程序代码，当客户端第一次请求访问时，它会被下载并安装到来访者的客户端中，之后每当客户端向Web服务器发送请求时，Cookie会将客户端的id传送到Web服务器，这样就可以区分出使用相同IP的不同计算机。因此，采用Cookie技术能够比较准确地识别用户。但是，这种方法的前提是：用户必须在客户端浏览器中允许使用Cookie，否则就无法进行采集。由于HTTP协议是一种无状态协议，在一个Log文件中会不加区别地将同一位访问者的多次登陆又退出的行为记录下来。通过Cookie技术难以区别用户每一次的浏览行为，这就是用户会话识别的问题。

②被动式服务器端数据采集。Web服务器的日志文件中记录了客户端HTTP

请求的相关信息。被动式服务器端采集的用户浏览行为数据，主要是采集 Web 日志文件。通过对服务器端 Web 日志文件的分析，根据用户的 IP 地址和所使用的浏览器情况对用户进行识别。但是很多系统部署了代理服务器，又或者由于多个用户共用一台计算机，使得大量用户的访问 IP 地址相同，Web 日志文件只能记录来访的客户端机器的 IP 地址，而无法区分出使用相同 IP 地址的不同用户，这就会造成用户识别问题。

启发式会话识别方法适合于在完成用户识别后进行会话识别。启发式会话识别方法首先设置假设依据，如用户的访问行为、站点性质等特性，然后对于不同应用背景提出具体的针对性规则。这些规则可以将服务器的日志文件和用户真实浏览行为进行重构，这样就可以实现准确性较高的会话识别了。目前典型的启发式规则有以下几种。

a.基于会话时间的启发式规则：设置一个会话的持续时间界限，一般设置为 30min。

b.基于页面停留时间的启发式规则：设置一个页面上的停留时间界限，一般设置为 10min。

c.基于页面引用关系的启发式规则：页面之间的引用关系可以记录在 Web 服务器日志里面。

（2）基于客户端的数据采集

客户端的数据采集可以准确地采集用户的浏览行为、浏览用户信息，浏览路径和浏览时间，避免了用户识别、会话识别、路径补充等处理过程。但这种方法有一定的安全隐患，需要用户的许可。

目前大多数浏览器都不具备用户行为采集这一功能，所以要采集他们的使用数据，就须开发相关的程序。可利用的技术包括 Java Applet、Java script、Plug-in 和 Frame 技术。

七、共享工程大数据的采集方法

读者通过 PC 机、移动终端、有线电视机顶盒等各种途径访问共享工程数字资源的数据，这些数据采集方式与数字图书馆类似，大量用户点击行为、网络使用行为、非结构化的图形、多媒体数据，采集数量大且复杂，需结合数据库直接采集与对信息平台进行日记分析的方式进行采集。另外，可通过网络获取资源与在线活动的反响反馈信息，关于服务的舆论信息，以及关于读者身份、习惯、兴趣的信息。

用户参与共享工程线下活动数据，则可从相关的统计平台、综合数据采集平台中获取。目前，由于共享工程活动覆盖机构面广，获取省、市、县、基层的活动数据，存在接口不统一、质量参差不齐及数据不完整的情况，采集难度较大。此外，通过网络爬虫或网站公开 API 等方式从网络上获取活动、数据信息是获得活动数据的方式之一。

第五章　公共文化服务的大数据存储模式与机制研究

第一节　公共文化服务的大数据存储模式与机制的理论基础

一、研究目标

采集到的公共文化服务数据需要进行持久化存储，以便用于后续的大数据分析。如何将海量的数据高效率地进行存储和管理是本项目的研究重点之一。

二、研究领域

公共文化服务大数据存储模式与机制的研究领域涉及大数据预处理技术研究、数据存储模式研究，以及关系数据库与 NoSQL 数据库的应用研究。

大数据存储层作为超大规模数据信息支撑的基础，是公共文化大数据基础设施的一个重要组成部分。由于处理对象既包括结构化数据，也包括非结构化、半结构化数据，所以从存储技术的角度，关系数据库、NoSQL、分布式文件系统都应当纳入考虑范畴。采集分析公共数字文化大数据，包括通过易购数据交换平台，从不同的业务系统中获取数据并存储。关系数据库具有较强的并发读写能力、结构化查询和复杂分析能力，以及标准的数据访问接口，是处理结构化数据的主流技术。随着互联网应用的高速发展，传统关系数据库的大小也提高了若干数量级，解决性能瓶颈的常见方法是：①通过集群提供较强的横向扩展能力；②数据分片，将大数据库按照规则拆分为多个小数据库。

在信息融合处理平台中，需要面对大量不适合传统关系数据库存储的业务数据。NoSQL 数据库使用 Key-Value 结构来存储该类数据，在保证数据可用性和关系型的同时，满足了数据的高校存储和高速处理、平行扩展的需求。NoSQL 数据库的理解基础是BASE模型。不同于关系数据库的强一致性，BASE模型的核心思想是根据应用特点，获得基本可用性（Basically Available）和柔性（Soft State），采用适当的方式来达到最终一致性（Eventual Consistent）的效果。

第二节　公共文化服务的大数据存储模式与机制的关键技术

公共文化服务大数据存储模式与机制研究主要针对以下关键技术进行研究。

一、海量公共文化服务大数据的清洗技术。

二、海量公共文化服务大数据的装载技术。

三、海量公共文化服务大数据的分布式存储。

第三节　公共文化服务的大数据存储模式与机制

公共文化服务数据采集以后将会按照数据类型进行存储，在进行持久化存储之前，必须进行数据预处理，对数据进行清洗、转换等处理。本项目的数据存储机制如图5-1所示。采集的原始数据被分为结构化数据、半结构数据、非结构化数据。结构化数据存储在MySQL Cluster关系数据库集群中，半结构数据、非结构化数据存储在NoSQL数据库HBase中，HBase的存储基础是Hadoop HDFS分布式文件系统。后面章节将会详细讨论所用到的技术。

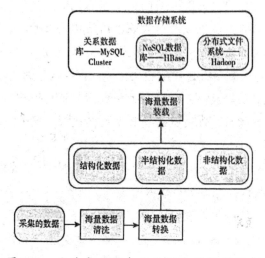

图5-1　公共文化服务大数据存储技术概念

一、海量数据预处理技术

(一) 数据清洗概述

数据清洗(Data Cleaning)的目标是找出并去除错误的或者不符合要求的数据，以此保证获得高质量的数据。Aebi等通过4个指标来对数据质量进行衡量：一致性(Consistency)、正确性(Correctness)、完整性(Completeness)和最小性(Minimality)。数据质量问题既存在于单源数据，也存在于多源数据。Rahm等将数据质量问题划分成单源数据问题和多源数据问题，并在此基础上分别从schema-level和instance-level两个层面进一步细化，衍生出了四类问题：单源数据schema-level问题、单源数据instance-level问题、多源数据schema-level问题、多源数据instance-level问题。

(二) 数据清洗的方式

数据清洗的方式包括以下几种。

(1) 错误数据纠正和清理：当数据出现偏差，如果可以纠正，则进行纠正，否则就去除掉错误数据。

(2) 数据去重：去除掉重复的数据。

(3) 格式转换：将异构数据转换为公共文化服务大数据平台所定义的数据结构。

(三) 数据清洗的算法和策略

数据清洗的策略和算法根据应用领域不尽相同，通常是在现有基本算法的基础上，针对特定的应用场景进行研究。数据清洗的算法通常会利用机器学习算法进行自动化的智能纠错、去重等工作。在识别重复内容方面，常用的技术有递归字段匹配、R-S-W算法、Smith-Waterman算法及KNN算法。

(四) 数据清洗算法编程模型

海量数据的清洗会耗用大量的时间，在这种情况下，使用并行计算技术来加速数据清洗过程成为解决问题的关键。本项目采用基于Hadoop架构为基础的Apache Spark内存计算框架。Apache Spark适合于实现有大量迭代计算的机器学习算法，传统的分布式并行编程模型MapReduce将每次迭代的计算结果存储在磁盘中，下一次迭代式再从磁盘中读出，造成了极大的磁盘I/O压力；Apache Spark将每次迭代的结果存储在内存中，消除了大量的磁盘I/O操作，极大地提升了迭代算法的计算效率。

二、海量数据装载技术

清洗后的数据需要向存储系统中进行装载，海量数据装载通常耗时巨大。在数据装载速度低于数据清洗速度时，数据装载就会成为整个系统的瓶颈。这时候，为了等待装载完成，数据清洗的工作也必须暂停。为了提高数据处理的效率，本项目使用分布式消息系统Apache Kafka作为数据清洗和数据装载之间的数据缓冲。清洗完成的数据会送到Kafka中暂时保存，由于Kafka数据结构简单，因此，存储速度会很快。之后，当数据装载模块空闲时，存入Kafka的数据会被装载器读取，并装载到相应的存储系统中。本项目的数据装载器是一个分布式应用系统，能够并行读取Kafka中不同Topic的数据，并调用相应的数据接口进行持久化存储。

三、关系数据库

公共文化服务数据包含结构化数据、半结构化数据和非结构化数据。结构化数据主要是指汉字使用二维表描述的信息，包括释义、发展历史等。这些数据适合保存在关系数据库中，本项目使用MySQL来管理结构化数据。传统的MySQL Server无法满足大规模的数据访问，这就需要数据服务器具有可扩展性。由于关系数据库固有的特点，扩展的时候通常都会倾向于纵向扩展（Scale-up），即升级服务器的硬件配置。这种扩展模式一方面成本很高；另一方面资源利用不灵活。由于存储服务器并不是任何时刻都会处于接近满载的状态，因此，高性能的服务器可能会在大多数时间处于空闲状态，从而造成性能浪费。另外，数据库的高可用性也是一个要考虑的重要因素，当MySQL Server出现宕机的时候，必须在最短的时间内让数据访问恢复正常，这就需要有数据冗余的设计。

基于可扩展性和高可用性的考虑，本项目使用了MySQL Cluster数据库集群技术来管理关系数据。如图5-2所示，MySQL Cluster是一种分布式存储技术，在存储关系数据方面有优势。数据存放在NBD存储服务器节点上，MySQL Cluster使用无共享模式，把分布在不同数据节点的数据构建成一个内存数据库NDB Cluster，并使用一个管理节点对这些数据节点进行协调和负载均衡。当一个数据节点出现崩溃的时候，数据会自动从其他节点复制过来，恢复该节点的可用性。当性能出现不足的时候，添加多台廉价的虚拟主机，在系统空闲的时候关闭一部分虚拟主机，以达到弹性配置资源的目的。这样就解决了MySQL的扩展能力和高可用性的问题。

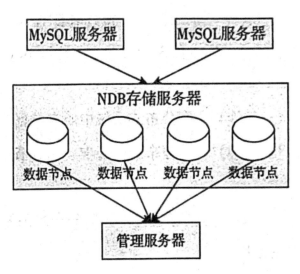

图 5-2 MySQL Cluster架构

四、NoSQL数据库研究

NoSQL最早于1998年出现，是指不提供SQL功能的关系数据库。2009年NoSQL被再次提出，其含义也变得更具包容性，主要是指非关系型、不使用SQL作为查询语言、不保证严格的ACID性质、面向分布式的数据库设计模式，即Not Only SQL或Not Relational。

NoSQL系统都是在超大数据规模、高并发请求、数据结构复杂的应用环境下建立起来的，并且满足以下"四高"的需求。

第一，HighPerformance——对数据高并发读写和计算的需求。

第二，HighStorage——对海量数据高效率存储和访问的需求。

第三，HighScalability——对系统的高可扩展性的需求。

第四，HighAvailability——对系统的高可用性的需求。

现在的应用对"四高"的要求很高，并且也要求避免事务的一致性、读写实时性及复杂的SQL查询，这些都是NoSQL的优势。从Google趋势图中可以看出，NoSQL从2009年4月出现以来已逐渐成为热点。

（一）NoSQL相关理论

NoSQL有两大理论基石——CAP和BASE。CAP理论最早于2000年由Eric Brewer教授提出，后来被Seth Gilbert和Nancy Lynch两人证明。CAP是指：

①Consistency（一致性），即分布式系统中所有数据的改变都是同步的。

②Availability（可用性），即分布式系统中一部分节点故障后系统仍能快速响应数据的读写请求；

③Partition Tolerance（分区容错性），即分布式系统中一部分节点失去联系后，系统仍能正常运行。

CAP理论是指一个分布式系统不可能同时满足上面3个需求，最多同时满足两点，即CA、CP或AP。根据CAP理论，在设计分布式系统时就必须做出取舍。例如，如果必须满足一致性，系统就需要处理因为低可用性而造成的写操作失败情况。如果关注高可用性，就需要解决可能无法读取最新数据的情况。因此，明确系统的关注点，进行合理取舍，采取恰当的策略，是理解CAP理论的关键所在。

（二）当前流行的NoSQL系统

当前流行的NoSQL系统按照数据模型可进行以下简单分类。

①Key-Value：Dynamo等。

②Ordered Key-Value：Berkeley DB，Infinity DB等。

③Column-Based Key-Value：BigTable，Cassandra，HBase，Hypertable等。

④Key-Document：MongoDB，Couch DB等。

⑤Graph：Neo4J，Infinite Graph等。

BigTable是Google的一个用以管理海量数据的分布式系统，目前，Google的很多项目都使用BigTable存储数据，如Web索引、Google地图、Google财经等。这些应用对数据的存储量、响应速度及吞吐量等需求有很大差异，但BigTable仍能为这些应用提供灵活而高效的解决方案。Bigtable的数据模型是一种分布式、稀疏、并能持久化存储的多维度排序Map，每个Map的索引是行、列关键字和时间戳，Map中的每个Value都是一个未解析的Byte数组。BigTable和数据库比较相似，但不支持完整的关系型数据模型，它只提供简单的数据模型，用户可以把结构化或半结构化的数据串行化为字符串进行存储，这样用户就能动态控制数据的分布和格式。BigTable有很多开源实现，其中最著名的是HBase（Java）和Hypertable（C++）。

HBase是一种基于Hadoop HDFS的分布式数据库系统，使用列存储模式，适合存放大的稀疏表，具有可扩展性和高可用性。HBase的基本思想来源于BigTable。在Hadoop生态系统中，Hadoop HDFS为HBase提供了高可靠性的底层存储支持，Hadoop MapReduce为HBase提供了高性能的并行计算能力，Apache Zookeeper为HBase提供了失效备援机制。在更高层的抽象中，Apache Pig和Apache Hive还为HBase提供了高层语言支持，使得在HBase上进行数据操作变得简单。Sqoop则为HBase提供了简便的关系数据库导入功能，提高了传统数据库数据向HBase中迁移的效率。

Dynamo 是 Amazon 的一个高度去中心化和松耦合的分布式数据存储系统。其典型的服务应用是 Amazon 的购物车，它要求在任何故障下（如磁盘错误、网络不稳、数据丢失等）客户都能随意查看或添加购物车的物品，这就需要负责购物车管理的任务能够随时写入和读取数据。Dynamo 的数据模型是典型的 Key-Value 式，是一种高可用而且高效的技术。

Cassandra 是 Facebook 开发的一个分布式混合非关系数据库系统，目前 Facebook、Twitter、Digg 等公司在用。Cassandra 的数据模型是 Key-Value，但采用类似于 BigTable 列簇的存储方式。Cassandra 的特点是支持对 Key 的范围查询；支持丰富的数据结构；支持全文检索，模式灵活；支持真正意义上的可扩展性（水平扩展）。

MongoDB 是一个分布式的文件存储数据库，其数据模型是 Key-Document，采用面向集合（Collection-Oriented）的存储方式。MongoDB 的集合类似于关系数据库的表，但它是 Schema-Free 的，值以 JSON 或 BSON 的形式存储，能够存储各种复杂类型的文档。MongoDB 的最大特点是查询语言非常强大，其语法与面向对象的查询语言比较相似，并能够实现类似关系数据库绝大部分单表查询的功能，而且还支持对数据建立多种索引。

五、分布式文件系统

（一）Google File System

Google 文件系统（Google File System，GFS）是一个面向大规模数据密集型应用的、可伸缩的分布式文件系统，和 MapReduce、BigTable 一起组成 Google 云计算的三大核心技术。GFS 研习了传统分布式文件系统的很多设计目标，如性能、可靠性、可用性、可扩展性等，但设计思路却与传统系统有很大不同。GFS 主要有以下几点设计思路。

（1）系统由许多廉价的普通机器组成，这些机器都是不可靠的，系统必须把机器故障作为常态对待，能够迅速检测、冗余并恢复故障。系统存储大量的文件，单个文件的大小差别很大，通常是百兆以上大小，千兆大小的文件也普遍存在，必须能有效地管理这些大文件，但也要支持小文件。

（2）系统的工作负载主要由两种读写操作组成：大规模的流式读取和小规模的随机读取。大规模的流式读取操作通常一次读取很多数据，小规模的随机读取操作通常是在文件某个随机的位置读取几千字节的数据。

（3）系统的工作负载还包括许多大规模的、顺序的、追加方式的写操作和小规模的随机位置写操作，数据一旦写入很少会被修改。系统必须是高效而稳定的，能够高速率、大批量地处理数据。因此，GFS 设计的框架是一个 GFS 集群由一个 Master 节点和多个 Chunk 节点组成。Master 节点负责管理所有的元数据，这些元数据包括名字空间、访问控制信息、文件及 Chunk 映射信息等，Master 可以通过全局信息精准定位 Chunk 的位置和其他决策。然而 Master 只是逻辑上的概念，实际的 Master 由多台主机组成，多台主机复制全局信息，以避免单点故障和大量 Master 访问瓶颈。Chunk 节点负责完成由 Master 节点分配的存储任务，实际存储的文件被分割成固定大小的 Chunk 块，如 64MB，较大的 Chunk 块可以减少客户端和 Master 的通许开销。此外，GFS 支持一个宽松的一致性模型，这个模型能够很好地支撑高度分布的应用，同时还保持了相对简单且容易实现的优点（图 5-3）。

　　GFS 使用普通机器并高效支持大规模数据处理的优点，使其成为 Google 存储海量搜索数据的专用文件系统。Hadoop 利用 GFS 的设计思路和方法，实现了开源的 HDFS（Hadoop Distributed File System）分布式文件系统并得到广泛的应用。

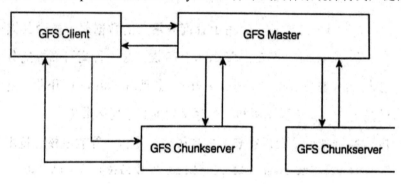

图 5-3　Google　GFS 分布式文件系统

（二）Hadoop 系统

　　Google 的 MapReduce、GFS 和 BigTable 的出现，为处理大规模海量异构数据提供了一个非常好的标准，在这几种技术的基础上，已经产生出越来越多有价值的研究成果，其中最成功的是由 Apache 基金会实现的 Hadoop 开源系统。Hadoop 是一个类似于 MapReduce 的分布式计算架构，它和 MapReduce 一样已被学术界和工业界认可，并且得到了更广泛的应用，以 Hadoop 为依托，成功实现了若干优秀的子项目，包括 HDFS、HBase、Hive、Pig 和 Zookeeper 等，它们共同形成了一个性能优良、功能齐全、容易开发和部署的系统。目前，Microsoft、Yahoo!、Facebook、Oracle、Amazon、IBM、Apple、eBay、Twitter、HP 等众多大公司都采用 Hadoop 搭建它们的云计算环境、处理分布式计算任务及管理大数据。

　　Hadoop 的核心组件是 MapReduce 和 HDFS，主要由 Yahoo! 开发，其中，MapReduce 的核心思想和 Google 一样，而 HDFS 也是仿照 GFS 的一个分布式文件系统。在 Hadoop 的生态圈中，还有一些很重要的项目，包括：HBase，主要由 Powerset（后被 Microsoft 收购）开发，是一个基于列存储的分布式数据库系统，以 HDFS 作为底层存储，仿照 BigTable 实现，同时支持 MapReduce 的批量式计算；Hive，主要由 Facebook 开发，是一个基于列存储的分布式数据仓库，负责管理 HDFS 中的数据，并提供基于 SQL 的查询语言；Pig，主要由 Yahoo！开发，是一种数据流语言和并行处理框架，运行在 MapReduce 和 HDFS 之上，主要用于查询非常大的数据集，并为其提供更高层次的抽象；Zookeeper，主要由 Yahoo！开发，是一种高可靠性的分布式锁服务，用于构建一般的分布式应用；Avro，主要由 Yahoo！开发，是一种支持跨语言的高效的远程进程调用和永久存储数据的序列化系统。

　　目前的大数据处理平台以谷歌的大数据处理平台（谷歌最核心技术的"旧三驾马车"为：GFS、BigTable、MapReduce，谷歌最核心技术的"新三驾马车"为：Caffeine、Prege、Dremel）和开源的 Hadoop 生态系统的大数据处理平台作为主流。它们目前最大的一个共同特点是非常适合于批量大数据的处理，但是在实时的及其交互式实时分析并不是它们的优势。未来的大数据管理最重要的趋势就是能够适应大数据的实时和交互式应用的处理。为了能够实现对大数据的实时处理与分析，许多公司已经为此做了探索，最为重要的是谷歌的 Dremel 及其 HStreaming 公司准备打造的实时 Hadoop 系统 HStreaming。另外，Cloudera 推出的 Impala，它不仅继承了 Hadoop，而且还关注提供所有应用程序的时间响应需求的服务，以及流量、流速、种类及数据价值分析等方面的服务。

第六章 公共文化服务的大数据分析指标体系研究

第一节 公共文化服务的大数据分析指标体系研究背景

一、研究目标

公共文化服务大数据分析指标体系的研究目标是研究和制定公共文化服务大数据分析指标体系。

二、研究领域

公共文化服务大数据分析指标体系的研究领域包括以下两个方面。

一方面，研究公共文化服务大数据分析的指标体系构建，包括指标的选取、指标的权重、指标的组合等方面；另一方面，研究公共文化服务大数据分析的指标体系的评测。

三、研究方法

公共文化服务大数据分析指标体系研究主要采用文献调研法、专家访谈法、统计分析法等进行公共文化服务大数据分析指标体系的确定。

四、研究重点

公共文化服务大数据分析指标体系研究路线如图6-1所示。首先，通过专家访谈、文献调查等方法确定指标体系的制定。其次，针对公共文化服务大数据的实际使用要求确定指标体系中的单个指标，如资源访问指标、用户访问指标、资源推送指标、用户分析指标等。最后，根据选定的单个指标建立科学的指标体系，并通过指标体系的评测和优化方法评价指标体系的优劣，以便不断完善公共文化服务大数据分析指标体系的构建。

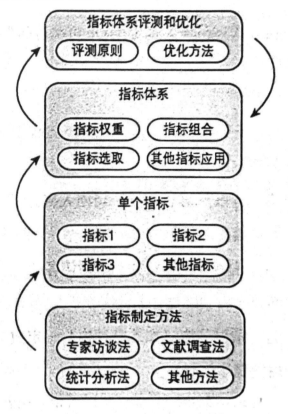

图 6-1　公共文化服务大数据分析指标体系研究路线

第二节　公共文化服务的大数据分析指标体系的主要内容

一、公共文化服务大数据分析指标体系的制定方法

制定指标的方法有很多种，如专家访谈法，统计分析法等，也可以多种方法综合考虑，以便能够适应复杂的情况。

二、公共文化服务大数据分析指标

（一）网站流量指标

（1）访问量（Page View）：公共文化服务网站页面的浏览量或者点击量，用户每访问一次则被记录1次，同一页面多次访问，访问量累计。

（2）独立IP：一天内（00：00-24：00），访问网站的独立IP个数，同一IP

计 1 次。

（3）独立访客（Unique Visitor）：每台独立上网电脑（根据 Cookie 判断）视为一位访客，一天内（00：00-24：00）网站的访客数，同一 Cookie 计 1 次。

（4）重复访客（Repeat Visitor）：某 Cookie 再次访问则计为一个重复访客。

（二）用户行为指标

（1）访问深度（Depth of Visit）：一次完整访问的过程中，用户浏览的页面数。访问页面越多，深度越高。

（2）每次访问的平均页面数＝总访问量/访问人次。它代表网站的黏度，黏度越高，平均页面访问数越高。

（3）新访客：某 Cookie 首次访问则计为一个新访客。

（4）新访客比例：新访客占全部访客的比例。

（5）最近访客：最近一段时间内（如 5 分钟内）一定数量（如 100 个）的网站独立访客（按访问时间倒序排列）。

（6）同时在线人数：是指一定时间范围（范围自定）内在线访问的 UV 数。

（7）最高小时在线人数：指定时间内，网站在某一小时内最高同时在线的独立访客数。

（8）访问入口：每次访问过程中，访客进入的第一个页面。

（9）访问出口：每次访问过程中，访客结束访问，离开前点击的最后一个页面。

（10）首页访问数：首页的访问量。

（11）跳出率（Page Bounce Rate）：仅浏览一个页面就离开网站的用户比例。

（12）访客所用搜索引擎：访客访问网站所用搜索引擎。

（13）访客所用关键字：访客通过哪些关键字来搜索访问网站。

（14）访问时长：访客访问网站的持续时间。

（15）来源分析：网站访客的来源类型，来源页面统计。

（16）总数据：网站自开通盘点系统之日起至今的各数据量总和。

（17）被访页面：网站中各页面的流量分布及变化趋势。

（18）当前访客活跃度，网站当前访客数，反映了网站当前时间段的受欢迎程度。

（19）访问路径：进入网站开始，到最后离开网站，先后浏览的页面。

（20）访问频度：某访客每日访问的次数，反映网站内容对某访客的吸引程度。

（三）用户访问方式指标

（1）地理位置：访客来源于哪个省（区、市）或国外。

（2）网络服务提供商：访客所处的网域（电信或网通等用户）。

（3）IP段：访客所在的IP段。

（4）浏览器：访客使用的浏览器类型。

（5）操作系统：访客所使用的操作系统类型。

（6）语言环境：访客使用的哪国语言的操作系统。

（7）Cookie支持：访客所使用的浏览器是否支持Cookie。

（8）终端类型：访客所使用的终端类型。

（四）平台建设指标

1.数据存储

容量指标：存储系统的存储能力达到TB/PB级别。

2.计算能力

（1）具备分布式并行计算能力：能够处理TB/PB级别的数据运算。

（2）具备实时流计算能力：能够达到秒级别的实时计算能力。

3.系统性能指标

（1）并发压力：系统同一时间段内能够承载1000PV的并发访问压力。

（2）可伸缩扩展性：系统在性能出现不足/过剩的时候可以增加/减少资源，具备线性水平扩展的能力。

4.可靠性指标

（1）具有容错能力：在出现一定故障的情况下，系统仍可正常运行。

（2）具有数据冗余能力：数据分布式存储，防止数据对视。

（3）具有故障恢复能力：节点出现故障的时候，能够自动地恢复功能正常。

5.安全指标

（1）具有用户授权/验证功能：能够对用户的系统访问权限进行管理。

（2）具有计算机节点的授权/验证功能：能够对来访的计算机进行安全验证。

（3）具有传输加密功能：保证数据在传输过程中安全。

（4）具有网络安全接口：具备网络隔离能力。

三、公共文化服务大数据分析指标体系的评测和优化

公共文化服务大数据分析指标体系的评测和优化有助于完善指标体系的构建，使得所建立的指标体系更加科学、合理、准确，以最少的指标对公共文化服务大数据的分析做出最完善和最精确的评价。目前，常用的指标体系评测原则有很多，

如系统性原则、典型性原则、动态性原则等，通过比较指标体系不同使用方法的效果，不断地对指标体系进行优化，以确定最适合的权重或组合方法。下面简单介绍几个公共文化服务大数据分析指标体系的评测原则。

（一）目的性原则

公共文化服务大数据分析指标体系的构建要紧紧围绕提供最准确、最合理的大数据分析方法这一目的，全方位、对角度地提供不同的指标，从而通过性能最好的分析方法提供最优质的公共文化服务。

（二）科学性原则

公共文化服务大数据分析体系指标构建中对于体系结构的确定、指标的选取、运用的计算方法等都要满足科学性这一要求，从而使得获得的信息更加可信、评价的结果更加可靠与合理。

（三）系统性原则

系统性原则是指公共文化服务大数据分析指标体系构建过程中选取的各个指标需要有一定的逻辑关系，他们从不同的角度反映了大数据分析的可靠性，独立地反映了某一指标的性能，却又彼此联系，构成相辅相成的统一体。

（四）典型性原则

典型性原则是指公共文化服务大数据分析指标体系构建过程中选取的各个指标要具有一定的代表性，不能使得选取的指标过于繁杂，不利于计算和分析，也不能使得选取的指标过于简单，使得分析结果不够完善或准确。

（五）可比、可操作、可量化原则

公共文化服务大数据分析指标体系构建过程中指标的选取要注意在总体范围内的一致性，并且具有很强的现实可操作性和可比性。例如，选择的指标要便于收集、简单明了，同时能够进行量化处理，使得能够进行计算和分析。

第七章　公共文化服务的大数据分析方法研究

第一节　公共文化服务的大数据分析方法研究背景

一、研究目标

公共文化服务大数据分析方法的研究目标集中在公共文化服务大数据的分析算法和方法，以及分析流程。

二、研究领域

公共文化服务大数据分析方法的研究主要针对以下几个方面。

（一）公共文化服务大数据分析算法。

（二）公共文化服务大数据平台系统资源管理方法和优化算法。

三、关键技术

大数据分析技术包括：改进已有数据挖掘和机器学习技术；开发数据网络挖掘、特异群组挖掘、图挖掘等新型数据挖掘技术；突破基于对象的数据连接、相似性连接等大数据融合技术；突破用户兴趣分析、网络行为分析、情感语义分析等面向领域的大数据挖掘技术。

数据挖掘就是从大量的、不完全的、有噪声的、模糊的、随机的实际应用数据中，提取隐含在其中的、人们事先不知道的但又是潜在有用的信息和知识的过程。数据挖掘涉及的技术方法很多，有多种分类法。根据挖掘任务可分为分类或预测模型发现、数据总结、聚类、关联规则发现、序列模式发现、依赖关系或依赖模型发现、异常和趋势发现等；根据挖掘对象可分为关系数据库、面向对象数据库、空间数据库、时态数据库、文本数据源、多媒体数据库、异质数据库、遗产数据库及环球网 Web；根据挖掘方法可粗分为机器学习方法、统计方法、神经网络方法和数据库方法。机器学习方法中可细分为归纳学习方法（决策树、规则归纳等）、基于范例学习法、遗传算法等。统计方法中可细分为回归分析法（多元回归法、自回归法等）、判别分析法（贝叶斯判别法、费歇尔判别法、非参数判别法等）、聚类分析法（系统聚类法、动态聚类法等）、探索性分析法（主元分析法、相关分析法等）等。神经网络方法中可细分为前向神经网络（BP 算法等）、自组织神经网络（自组织特征映射、竞争学习等）等。数据库方法主要是多维数据分析或 OLAP 方法，另外还有面向属性的归纳方法。

数据挖掘的一般过程为：数据收集—数据处理—数据变换—数据挖掘—模式评估—知识表示。

数据收集：通过各种方式广泛收集用户的信息，建立必要的数据库与数据表，为数据挖掘做准备。数据收集的范围、数量、准确性等都决定了挖掘结果的准确性。

数据处理：对收集到的信息进行诸如去噪等操作，从而确保数据能够真实地反映待要挖掘的对象。

数据变换：将经过去噪的数据进行一定的格式转换，使其适应数据挖掘系统或数据挖掘软件的处理要求。

数据挖掘：利用挖掘方法对数据进行分析，挖掘出需要的各种规则、趋势、类别、模型等。

模式评估：对发现的规则、趋势、类别、模型进行评估，从而保证发现的模式的正确性。

知识表示：将挖掘结果以可视化的形式展现在用户面前。

公共文化服务大数据分析方法研究的具体工作主要集中在对以下关键技术的研究。

①资源访问热度的分析算法。

②基于地区的资源访问类型分析算法。

③基于时间段的资源访问分析算法。

④公共文化信息个性化推荐算法。

⑤用于实现数据分析算法的大数据计算框架。

⑥公共文化服务大数据平台实时资源优化技术。

⑦公共文化服务大数据平台资源分配模型及算法。

第二节　常用的数据挖掘方法

一、大数据预处理技术

数据预处理技术是指在分析使用前，将数据进行清洗、降维、数据变换等预处理，使其适应数据挖掘系统或数据挖掘软件的处理要求。

数据清洗就是把"脏"的数据"洗掉"，包括检查数据一致性、处理无效值和缺失值等。除了过滤与剔除，常用的噪声数据处理方法还有平滑处理。平滑处理可通过简单地按平均值、边界值平滑，也可以用回归的方法使用拟合函数对数据进行平滑处理等。

数据降维的基本原理是将样本点从输入空间通过线性或非线性变换映射到一个低维空间，从而获得一个关于原数据集紧致的低维表示。数据降维的主要方法有主成分分析、线性判别分析、等距映射（Isomap）、局部线性嵌入、Laplacian特征映射、局部保留投影、局部切空间排列、最大方差展开等。

数据变换的主要技术有平滑、聚集、数据泛化、规范化及属性构造。数据泛化过程即概念分层，将低层次的数据提炼到更高一级的概念层次中。规范化又有最大最小规范化、0-值规范化和小数定标规范化。此外，还可以构造新的属性来使数据集成。

二、聚类分析

聚类（Cluster）分析又称群分析，它是研究（样品或指标）分类问题的一种统计分析方法，同时也是数据挖掘的一个重要算法。聚类分析是由若干模式（Pattern）组成的，通常模式是一个度量（Measurement）的向量，或者是多维空间中的一个点。聚类分析以相似性为基础，在一个聚类中的模式之间比不在同一聚类中的模式之间具有更多的相似性。聚类分析的算法主要可以分为基于划分的方法、基于层次的方法、基于密度的方法、基于网格的方法。

（一）基于划分的方法

在基于划分的聚类分析中，任务就是将数据划分成k个不相交的点集，使每个子集中的点尽可能同质。

（1）k-means：它用一个聚类的中心来代表一个簇，该算法只能处理数值型数据。k-means算法流程如下。

Step1 初始化 k 个中心点。

Step2分组：将样本分配给距离其最近的中心向量；由这些样本构造不相交的聚类。

Step3更新中心，用各个聚类的中心向量作为新的中心。

Step4重复分组和确定中心的步骤，直至算法收敛。

（2）k-modes：采用简单匹配方法来度量分类型数据的相似度。

（3）k-prototypes：结合了 k-means 和 k-modes 两种算法，能够处理混合型数据。

（4）k-medoids：在迭代过程中选择簇中的某点作为聚点。

（5）PCM：模糊集合理论引入聚类分析中并提出了 PCM 模糊聚类算法。

（6）CLARA：在 PAM 的基础上采用了抽样技术，能够处理大规模数据。

（7）CLARANS：融合了 PAM 和 CLARA 两者的优点，用于空间数据库的聚类。

（二）基于层次的方法

层次聚类就是通过对数据集按照某种方法进行层次分解，直到满足某种条件为止。按照分类原理的不同，可以分为凝聚和分裂两种方法。凝聚的层次聚类是一种自底向上的策略，首先将每个对象作为一个簇，然后合并这些原子簇为越来越大的簇，直到所有的对象都在一个簇中，或者某个终结条件被满足，绝大多数层次聚类方法属于这一类，它们只是在簇间相似度的定义上有所不同；分裂的层次聚类与凝聚的层次聚类相反，采用自顶向下的策略，它首先将所有对象置于同一个簇中，然后逐渐细分为越来越小的簇，直到每个对象自成一簇，或者达到了某个终止条件。

（1）CURE：采用抽样技术先对数据集 D 随机抽取样本，再采用分区技术对样本进行分区，然后对每个分区局部聚类，最后对局部聚类进行全局聚类。算法在开始时，每个点都是一个簇，然后将距离最近的簇结合，一直到簇的个数为要求的k。它是一种分裂的层次聚类。算法分为以下步骤。

Step1从源数据对象中抽取一个随机样本 S。

Step2将样本 S 分割为一组划分。

Step3对划分局部的聚类。

Step4通过随机取样提出孤立点。如果一个簇增长得太慢，就去掉它。

Step5对局部的簇进行聚类。

Step6用相应的簇标签标记数据。

（2）ROCK：在计算两个对象的相似度时，同时考虑了周围对象的影响。

（3）CHEMALOEN：首先构造一个k-最近邻图Gk，再通过图的划分算法将图

Gk 划分成大量的子图，每个子图代表一个初始子簇，最后用一个凝聚的层次聚类算法反复合并子簇。

（4）SBAC：在计算对象间相似度时，考虑了属性特征对于体现对象本质的重要程度，对于更能体现对象本质的属性赋予较高的权值。

（5）BIRCH：利用树结构对数据集进行处理，叶结点存储一个聚类，该算法也可以作为其他聚类算法的预处理过程。

（6）BUBBLE：把 BIRCH 算法的中心和半径概念推广到普通的距离空间。

（7）BUBBLE-FM：减少距离的计算次数，提高了算法的效率。

（三）基于密度的方法

基于密度的聚类方法以数据集在空间分布上的稠密程度为依据进行聚类，无须预先设定簇的数量，因此，特别适合对未知内容的数据集进行聚类。基于密度的聚类方法可以用来过滤噪声孤立点数据，发现任意形状的簇。

（1）DBSCAN：该算法采用空间索引技术来搜索对象的邻域，引入了"核心对象"和"密度可达"等概念，从核心对象出发，把所有密度可达的对象组成一个簇。

（2）GDBSCAN：该算法通过泛化 DBSCAN 算法中邻域的概念，以适应空间对象的特点。

（3）OPTICS：该算法结合了聚类的自动性和交互性，首先生成聚类的次序，对不同的聚类设置不同的参数，以得到用户满意的结果。

（4）FDC：该算法通过构造 k-d tree 把整个数据空间划分成若干个矩形空间，当空间维数较少时可以大大提高 DBSCAN 的效率。

（四）基于网格的方法

基于网格（Dding-based）的方法是指将对象空间量化为有限数目的单元，形成一个网格结构，所有聚类都在这个网格结构上进行。

（1）STING：利用网格单元保存数据统计信息，从而实现多分辨率的聚类。使用自顶向下的方法回答空间数据的查询，从一个预先选择的层次开始，通常包含少量的单元，为当前层的每个单元计算置信区间，不相关的单元不再考虑，当检查完当前层，接着检查下一个低层次，重复这个过程直至达到底层。算法步骤为：

Step1 从一个层次开始。

Step2 对于这一层次的每个单元格，我们计算查询相关的属性值。

Step3 从计算的属性值及其约束条件中，我们将每一个单元格标注成相关或者不相关。

Step4如果这一层是底层，则转到步骤6，否则就行步骤5。

Step5我们由层次结构转到下一层依照步骤2进行计算。

Step6查询结果满足，转到步骤8，否则转到步骤7。

Step7恢复数据到相关的单元格进一步处理以得到满意结果，转到步骤8。

Step8停止。

（2）WaveCluster：在聚类分析中引入了小波变换的原理，主要应用于信号处理领域。

（3）CLIQUE：该算法是一种结合了网格和密度的聚类算法。

对聚类进行研究是数据挖掘中的一个热门方向，由于以上所介绍的聚类方法都存在着某些缺点，因此，近些年对于聚类分析的研究很多都专注于改进现有的聚类方法或是提出一种新的聚类方法。以下将对传统聚类方法中存在的问题及人们在这些问题上所做的努力做一个简单的总结。

①从以上对传统的聚类分析方法所做的总结来看，不管是k-means方法，还是CURE方法，在进行聚类之前都需要用户事先确定要得到的聚类的数目。然而在现实数据中，聚类的数目是未知的，通常要经过不断的实验来获得合适的聚类数目，得到较好的聚类结果。

②传统的聚类方法一般都是适合于某种情况的聚类，没有一种方法能够满足各种情况下的聚类。例如，BIRCH方法对于球状簇有很好的聚类性能，但是对于不规则的聚类，则不能很好地工作。k-medoids方法不太受孤立点的影响，但是其计算代价又很大。因此，如何解决这个问题成为当前的一个研究热点，有学者提出将不同的聚类思想进行融合以形成新的聚类算法，从而综合利用不同聚类算法的优点，在一次聚类过程中综合利用多种聚类方法，能够有效地缓解这个问题。

③随着信息时代的到来，对大量的数据进行分析处理是一个很庞大的工作，这就关系到一个计算效率的问题。有文献提出了一种基于最小生成树的聚类算法，该算法通过逐渐丢弃最长的边来实现聚类结果，当某条边的长度超过了某个阈值，那么更长边就不需要计算而直接丢弃，这样就极大地提高了计算效率，降低了计算成本。

④处理大规模数据和高维数据的能力有待提高。目前许多聚类方法处理小规模数据和低维数据时性能比较好，但是当数据规模增大、维度升高时，性能就会急剧下降。例如，k-medoids方法处理小规模数据时性能很好，但是随着数据量的增多，效率就会逐渐下降，而现实生活中的数据大部分又都属于规模比较大、维度比较高的数据集。

⑤目前的许多算法都只是理论上的，经常处于某种假设之下，如聚类能很好地被分离、没有突出的孤立点等，但是现实数据通常是很复杂的，噪声很大，因

此，如何有效地消除噪声的影响、提高处理现实数据的能力还有待进一步的提高。

三、分类分析

分类算法通过对已知类别训练集的分析，从中发现分类规则，以此预测新数据的类别。单一的分类方法主要包括决策树、朴素贝叶斯分类算法、人工神经网络、k-近邻、支持向量机和基于关联规则的分类等；另外，还有用于组合单一分类方法的集成学习算法，如 Bagging 和 Boosting 等。

（一）决策树

决策树（Decision Tree，DT）是用于分类和预测的主要技术之一，决策树学习是以实例为基础的归纳学习算法，它着眼于从一组无次序、无规则的实例中推理出以决策树表示的分类规则。构造决策树的目的是找出属性和类别间的关系，用它来预测将来未知类别的记录的类别。它采用自顶向下的递归方式，在决策树的内部节点进行属性的比较，并根据不同属性值判断从该节点向下的分支，在决策树的叶节点得到结论。主要的决策树算法有 ID3、C4.5、CART、PUBLIC、SLIQ 和 SPRINT 算法等。

（二）朴素贝叶斯分类算法

朴素贝叶斯（Naive Bayes，NB）分类算法是一类利用概率统计知识进行分类的算法，该算法主要利用 Bayes 定理来预测一个未知类别的样本属于各个类别的可能性，选择其中可能性最大的一个类别作为该样本的最终类别。由于贝叶斯定理的成立本身需要一个很强的条件独立性假设前提，而此假设在实际情况中经常是不成立的，因而其分类准确性就会下降。为此就出现了许多降低独立性假设的贝叶斯分类算法，如 TAN（Tree Augmented Naive Bayes）算法，它是通过在贝叶斯网络结构的基础上增加属性对之间的关联来实现的。

（三）人工神经网络

人工神经网络（Artificial Neural Networks，ANN）是一种应用类似于大脑神经突触连接的结构进行信息处理的数学模型。在这种模型中，大量的节点（或称"神经元""单元"）之间相互连接构成网络，即神经网络，以达到处理信息的目的。神经网络通常需要进行训练，训练的过程就是网络进行学习的过程。训练改变了网络节点的连接权值，经过训练的网络可用于对象的识别。

目前，神经网络已有上百种不同的模型，常见的有 BP 网络、径向基 RBF 网络、Hopfield 网络、随机神经网络（Boltzmann 机）、竞争神经网络（Hamming 网络、自组织映射网络）等。但是当前的神经网络仍普遍存在收敛速度慢、计算量大、训练时间长和不可解释等缺点。

（四）k—近邻

k—近邻（k-Nearest Neighbors，KNN）算法是一种基于实例的分类方法。该方法就是找出与未知样本 x 距离最近的 k 个训练样本，看这 k 个样本中多数属于哪一类，就把 x 归为哪一类。k—近邻方法是一种懒惰学习方法，它存放样本，直到需要分类时才进行分类，如果样本集比较复杂，可能会导致很大的计算开销，因此，无法将其应用到实时性很强的场合。

（五）支持向量机

支持向量机（Support Vector Machine，SVM）是 Vapnik 根据统计学习理论提出的一种新的学习方法，它的最大特点是根据结构风险最小化准则，以最大化分类间隔构造最优分类超平面来提高学习机的泛化能力，较好地解决了非线性、高维数、局部极小点等问题。对于分类问题，支持向量机算法根据区域中的样本计算该区域的决策曲面，由此确定该区域中未知样本的类别。

（六）基于关联规则的分类

关联规则挖掘是数据挖掘中一个重要的研究领域。近年来，对于如何将关联规则挖掘用于分类问题，学者们进行了广泛的研究。关联分类方法挖掘形如 condset→C 的规则，其中 condset 是项（或属性一值对）的集合，而 C 是类标号，这种形式的规则称为类关联规则（Class Association Rules，CARS）。关联分类方法一般由两步组成：第一步用关联规则挖掘算法从训练数据集中挖掘出所有满足指定支持度和置信度的类关联规则；第二步使用启发式方法从挖掘出的类关联规则中挑选出一组高质量的规则用于分类。属于关联分类的算法主要包括 CBA、ADT、CMAR 等。

（七）集成学习

实际应用的复杂性和数据的多样性往往使得单一的分类方法不够有效。因此，学者们对多种分类方法的融合即集成学习进行了广泛的研究。集成学习（Ensemble Learning）已成为国际机器学习界的研究热点，并被称为当前机器学习的 4 个主要研究方向之一。

集成学习是一种机器学习范式，它试图通过连续调用单个的学习算法，来获得不同的基学习器，然后根据规则组合这些学习器来解决同一个问题，可以显著地提高学习系统的泛化能力。组合多个基学习器主要采用（加权）投票的方法，常见的算法有装袋（Bagging）、提升/推进（Boosting）等。有关分类器的集成学习由于采用了投票平均的方法组合多个分类器，所以有可能减少单个分类器的误差，获得对问题空间模型更加准确的表示，从而提高分类器的分类准确度。

以上简单介绍了各种主要的分类方法，应该说其都有各自不同的特点及优缺点。用来比较和评估分类方法的标准主要有：①预测的准确率。模型正确地预测新样本类标号的能力；②计算速度。包括构造模型及使用模型进行分类的时间；③强壮性。模型对噪声数据或空缺值数据正确预测的能力；④可伸缩性。对于数据量很大的数据集，有效构造模型的能力；⑤模型描述的简洁性和可解释性。模型描述越简洁、越容易理解，则越受欢迎。

四、关联规则

（一）关联分析概述

关联分析又称为关联挖掘，主要用于发现大规模数据集中隐含的有意义的联系，这些联系可以用关联规则或频繁项集进行表示。我们使用从事务数据集中发现频繁项集并推出关联规则的过程来描述关联规则挖掘的过程。

关联规则发现：对于给定的事务集合 T，定义相应的支持度和置信度阈值分别为 minsup 和 minconf，则关联规则发现是指找出支持度大于等于 minsup 且置信度大于等于 minconf 的所有规则。关联规则发现可以分解为两个主要任务，即频繁项集的产生和规则的产生。

（1）频繁项集的产生：发现满足最小支持度阈值的所有项集，这些项集称为频繁项集。

（2）规则的产生：从所产生的频繁项集中找出满足置信度的规则，这些规则称为强规则。

（二）常用算法

（1）Apriori 算法

（1）原理

Apriori 算法基于以下先验原理，即如果一个项集是频繁的，则它的所有子集一定也是频繁的；同样地，如果一个项集是非频繁的，则它的所有超集一定也是非频繁的。

（2）频繁项集的产生

Step1 对事务集中每个单项进行支持度计数。

Step2 根据设定的支持度阈值确定单项中的频繁项，并定义为频繁项集。

Step3 根据项集的反向单调性，从频繁项集中产生新的候选集。

Step4 扫描事务集合，计算新的候选集中每个候选项集的支持度。

Step5 根据设定的支持度阈值，若有新的频繁项集产生则转到 Step3 中循环计算；若无新的频繁项集产生，则停止。

（3）规则的产生

Step1 枚举每个频繁项集 f 中的所有非空子集 s。

Step2 若 s 属于 f，则输出规则。

Step3 对于任意的 Scs，如果，则所有的规则都成立，利用该对偶性质，生成所有规则。

2.AprioriTid 算法

AprioriTid 算法是 Apriori 算法的一种改进，避免了 Apriori 算法在频繁项集很多或者最小支持度很低的情况下，代价很高的问题，二者采用了相同的候选集生成过程，但是 AprioriTid 算法在第一次遍历之后计算支持度时不再使用原本的事务集合，而是使用心得数据集合，该数据集合中的每一个元素定义为 <TID，{ID}> 的形式，其中 TID 是事务的标识符，每个 ID 是事务 TID 中的一个潜在频繁 k-项集。

3.FP 增长算法

该算法采用完全不同于 Apriori 算法的频繁项集产生方法，通过紧凑的 FP 树数据结构来组织数据，然后从该结构中直接产生频繁项集。可将算法简单描述如下。

Step1 扫描事务数据集，计算每个单项的支持度计数，找出频繁项，并按照支持度递减排序。

Step2 再次扫描数据集，构建 FP 树。

Step3 从 FP 树中挖掘频繁项集，这一步骤采用自底向上、分治策略进行，主要分为以下两步。

①从 FP 树中提取出以单项结尾的路径，用于发现以单项结尾的频繁项集，然后将各单项结尾的路径向上组合提取出不同的路径；

②构建相应的条件 FP 树，产生频繁项集。

第三节　公共文化服务的大数据分析方法

从不同的数据源采集到的公共文化服务数据，会进行统一的存储，然后用作数据分析。数据分析主要集中在两个方面：公共文化服务数据访问情况的分析及大数据平台资源分析（图7-1）。

一、公共文化服务大数据分析算法

（一）基于资源访问热度的分析

根据互联网公共文化资源的情况，进行数据分析，找出当前的文化热点及其影响领域。

对于文化热点的探索，本项目使用聚类分析和分类分析相结合的方法，确定当前的文化热点，并找到文化热点之间的相关联系和文化热点的形成规律。抽象算法设计如下。

Step1 使用 k-means 等聚类分析算法确定当前文化热点数量。

Step2 利用 Step1 确定的文化热点数量，结合 KNN 分类方法，进行监督学习，确定文化热点涉及的范围。

Step3 使用关联分析方法，找出文化热点间的关系。

Step4 进行时间序列分析，找寻文化热点形成的规律。

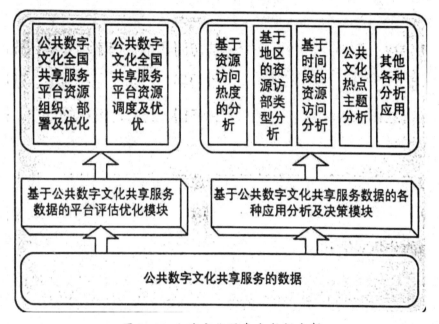

图 7-1　公共文化服务大数据分析

（二）基于地区资源访问类型的分析

根据特定地区用户对公共文化资源的访问数据，挖掘出该地区资源访问类型的规律，探索用户对公共文化产品类型的喜好，如文化类网站、新闻网站、博客等，以及地区性的文化热点。以此为依据，为特定地区的用户，提供更好的公共文化服务。

本项目将采集到的数据按照地区和资源类型进行分类统计，找出每个地区用户访问量最大的 Top3 或者 Top5 的资源类型，这样就可以对每个地区提供有针对性类型的公共文化资源。

（三）基于时间段资源访问的分析

对公共文化资源访问的时间序列数据进行分析，找寻用户对公共文化资源访问的时间规律，建立公共文化资源的时间访问模型。

本项目采用时段分析的方法，分为 n 个时段，时段的单位可以是"天"或者"小时"，对每个时段访问的公共文化资源进行统计，得出用户访问量的变化趋势。另外，针对每个时间段按照资源类型进行分类统计，并得出各个时间段内 Top3 的资源类型，有助于公共文化资源的有效更新。

（四）公共文化内容的热点主题分析

公共文化数据包含的内容来源丰富，如网页等，表现形式多种多样，包括文本、音频、视频等格式，但主要还是以文本格式的描述性信息为主来表现内容。因此，通过分析信息的主题，发现当前公共文化的热点，进而对用户进行热点内容的推荐。主要的方法是主题模型分析法，最常用的主题建模方法是 LDA（Latent Dirichlet Allocation）模型。

通常将网页文件或者电子文档文件等含有文本描述性内容的文件定义为文档，通过 LDA 模型，可以计算出文档所包含的一个或多个主题，通过比较文档之间主题表述的信息，就可以找出主题相近的文档，同一主题或者近似主题的文档越多，该主题越热门。而描述热门主题的文档信息即可作为热门信息推荐给用户。图 7-2 展示了基于主题模型的文本内容聚类方法。

Step1 数据采集：从各数据源采集公共文化数据。

Step2 进行数据清洗等预处理工作。

Step3 构建语料库：选择合适的文档，通过中文分词等技术从文档中提取单词信息，并进行统计。

Step4 通过 Step3 得到的单词统计信息，得到词频矩阵，构建出向量空间模型。

Step5 根据向量空间模型构建 LDA 主题模型。

Step6 使用 Gibbs Sampling 模拟算法对 LDA 主题模型进行计算，得到文档向量，以及主题向量。

Step7 计算热门主题。

Step8 通过文档向量之间的距离计算，确定文档之间主题的相似度。

Step9 根据相似度进行热门主题的聚类分析。

二、公共文化服务大数据平台资源优化模型

（一）公共文化服务大数据平台性能管理方法

公共文化服务大数据平台性能管理，主要是对公共文化服务大数据平台的平

均响应时间和吞吐量进行监控并在性能出现严重不足的时候进行节点的水平扩展、增强性能，在性能出现大幅过剩的时候，减少节点、降低成本。性能监控主要用于发现问题，为了能够解决问题，还需要对公共文化服务大数据平台的硬件资源，包括虚拟硬件资源进行监控。借助于监控信息，可以找到导致性能问题的根本原因。公共文化服务大数据平台资源主要包括 CPU 利用率、磁盘 I/O，网络 I/O 等指标。实时监控功能需要使用流计算框架技术来实现。

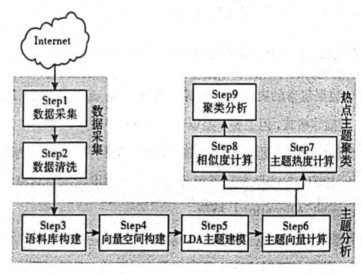

图 7-2　基于 LDA 模型的热点主题文档聚类分析

本项目使用预测性分析（Predictive Analysis）的方法来对平台资源使用的历史时间序列数据进行分析，找出规律，并进行趋势预测。这样，能够在大数据平台资源出现短缺之前，增加资源，防止出现性能下降；也可以在性能过剩的时候减少资源浪费。预测性分析分为短期性预测和长期性预测，分别以小时和天为单位。

短期性预测采用自回归积分滑动平均模型（Autoregressive Integrated Moving Average Model，ARIMA），在传统的 ARMA 的基础上增加了差分处理，以此将时间序列数据进行平稳化。ARIMA 的基本思路是：将历史时间序列数据作为一个随机序列，使用数学模型来描述，然后通过该数学模型计算未来的数据。

（二）大数据平台资源分配模型及算法

公共文化服务大数据平台的性能通过节点的水平扩展来进行增强，因此，何时进行扩展、如何来扩展、是本项目研究的重点。本项目构建一个资源分配模型，从网络资源、计算资源和存储资源 3 个方面进行扩展。在发现资源短缺后，本项目需要根据具体的资源类型研究负载均衡机制，以最优的方式进行水平扩展。公共文化服务大数据平台的系统资源通过两个抽象算法来优化。

算法1根据规律找出时间点对应的短缺资源的类型：计算资源、网络资源或者存储资源。

算法2对平台资源进行合理的分配。

（三）全国公共文化服务大数据平台智能放置方法

根据访问的频度来确定数据是否常用，然后对数据常用性选择合适的存储介质，进行智能放置，有效地利用资源。全国公共文化服务大数据平台智能放置方法通过以下过程实现。

Step1通过数据采集模块采集平台数据，包括用户行为数据、平台日志数据及其他平台相关数据。

Step2对采集到的数据进行平台资源访问热度分析和预测，以及系统性能分析和预测。

Step3根据数据访问的热度对数据进行分类：高热数据（访问率高）、热数据（访问率中等）及冷数据（访问率低）。

Step4按照上述的数据类别分别放置到不同性能的数据存储介质上。

高热数据：放置在内存或者固态硬盘等 Flash 设备上，以期获得更快的速度；同时，构建大量副本，满足大量用户并发访问。

热数据：放置在高端存储设备上，可以获得比较高的访问速度；同时构建多个副本，满足用户中等规模的并发访问。

冷数据：放置在低端存储设备上。可以构建少许副本，满足少量用户并发访问。

通过平台资源的智能预测与放置，可以消除访问速度的瓶颈，同时针对不同用户的并发访问量进行动态和灵活的配置，以达到平台资源利用率的最大化。

（四）全国公共文化服务大数据平台优化系统

全国公共文化服务大数据平台优化系统是对平台优化模型的实现，该系统采集平台运行日志和用户行为数据并进行原始数据的处理和存储。然后，通过数据分析模块对处理过的数据进行分析，如平台性能故障根本原因分析、基于时间的资源访问分析、平台性能变化趋势预测、平台资源使用预测分析等。得到分析数据后，平台可以借助于平台性能优化模块进行，如根据平台资源使用率预测分析的结果，进行平台资源智能放置。数据分析的结果和过程都可以通过可视化模块进行数据可视化，实时直观地反映给用户。同理平台性能优化的方法和过程也通过可视化的形式展现给用户，并通过人机交互的方式，允许用户动态地对优化方法进行调整，以期获得更好的平台资源优化结果。

三、用户个性化推荐

公共文化服务大数据，尤其是用户行为数据，通过推荐算法分析，可以个性化地推荐给用户。

（一）个性化服务技术的现状及趋势分析

在网络环境下，个性化服务是一种网络信息服务的方式，这种服务方式的实现主要是根据用户的设定，借助于计算机及网络技术，对信息资源进行收集、整理、分类、分析，向用户提供和推荐相关信息，以满足用户对信息的需求。开展网络个性化服务是提高信息服务质量和信息资源使用效益的重要手段，突出了信息服务的主动性，开拓了信息服务的新思路。从整体上说，个性化服务打破了传统的被动服务模式，能够充分利用网络资源的优势和各种软件支持，主动开展以满足用户个性化需求为目的的全方位服务。

传统的信息检索技术满足了人们一定的需要，但由于其通用的性质，仍不能满足不同背景、不同目的和不同时期的查询请求。个性化服务技术就是针对这个问题而提出的，它为不同用户提供不同的服务，以满足不同的需求。个性化服务通过收集和分析用户信息来学习用户的兴趣和行为，从而实现主动推荐的目的。个性化服务技术能大大提高站点的服务质量和访问效率，从而吸引更多的访问者。可以说个性化服务使得信息获取更为有效：使用者可以获得推送来的个性化信息，这些信息符合他们自身的需求，更简单地说，个性化服务有效地提高了信息从其作者传输到最合适用户群的效率和效果。

从表现形式上看，个性化服务包括个性化信息检索和个性化资源推荐等。信息检索一般是根据用户需求，从大规模的相对静止的信息中检索出用户需要的信息；个性化信息检索是根据用户的兴趣和特点进行检索，返回与用户需求相关的检索结果；个性化推荐则是根据用户已有行为，计算并向用户推荐可能符合其品位或兴趣的资源的过程。

Carlo Tasso 等认为个性化服务可以分成持久的（长期的）个性化服务和短暂的（短期的）个性化服务，前者基于持续一段时间并被保存为持久化信息结构的用户兴趣模型，而后者则不基于这样的持久化用户兴趣模型。在持久的个性化服务中，用户兴趣模型伴随着时间的推移不断完善，在每一次会话结束后被保存起来从而可以被之后的会话所使用；而在短暂的个性化服务中，用来建立用户兴趣模型的信息只从当前的会话中收集，并被立刻用于执行一些自适应进程，以对当前的交互提供个性化服务。Stefano Mizzaro 等经过实验证明：对于信息推荐系统来说，持久的个性化服务是必要和有益的；而对于信息检索系统来说，短暂的个性化服务则更加有效和可用。

（二）推荐系统现状及趋势分析

推荐系统（Recommender System）是个性化服务中最重要的一种应用形式，它最早被定义为当人们提供待推荐的资源作为输入时，能够随即将这些输入汇总并指派给合适的接受者的系统。推荐系统这个术语现在有了更广泛的内涵：描述那些产生个性化推荐作为输出的系统，或是使用个性化方式对引导用户在一个很大的可选择空间中选择那些有趣或者有用条目产生影响的系统。这些系统在一个网络信息量远超过任何个人调研能力的环境中有明显的吸引力。推荐系统也经常被用在电子商务网站，用来向其顾客推荐商品并且向顾客提供信息从而帮助他们决定哪些商品是值得购买的。

推荐系统往往由三部分组成：行为记录模块、模型分析模块和推荐模块。行为记录模块负责记录能够体现用户喜好的行为，如购买、下载、评分等。模型分析模块的功能则实现了对用户行为记录的分析，采用不同的算法建立起模型，描述用户的喜好信息。最后，通过推荐模块，实时地从内容集筛选出目标用户可能会感兴趣的内容推荐给用户。

从推荐本身这个角度看，推荐系统建立在选择（Selection）、可视化（Visualization）、推送（Delivery）3个主要功能的基础上，这3个功能都可以进行基于个性化的加工。为了能够实现个性化，这3个功能都需要用户个人信息的支持，这些信息包含在用户兴趣模型中并且可以在个性化过程中获取。

鲁为对推荐系统的输入和输出进行了总结，其中，输入可以来自客户个人和社团群体两个部分。客户个人输入（Targeted Customer Inputs）主要是指目标用户对条目的评价，即要求获得推荐的人为得到推荐而必须对一些条目进行评价，以表达自己的偏好，包括隐式浏览输入、显式浏览输入、关键词和条目属性输入和用户使用历史等。社团群体输入（Community Inputs）主要是指集体形式的评价数据，包括条目属性、社团使用历史、文本评价、等级评分。推荐系统的输出是推荐系统在获得输入信息后，推荐给用户的内容，主要形式有建议（Suggestion）、预测（Prediction）、个体评分（Individual Rating）、评论（Review）。

像检索系统一样，推荐系统有两种类型的特性误差：负误识，即将"属于物体"标注为"不属于物体"的误分类，也就是那些用户喜欢的条目未被推荐的现象；正误识，即将"不属于物体"标注为"属于物体"的误分类，也就是给用户推荐了他们不喜欢的条目的现象。Badrul Sarwar等指出，对于商业推荐系统来说，这两个误差中较为重要的是避免正误识的出现，因为那样可能激怒用户，所以没有理由去冒风险推荐一个用户很可能不喜欢的条目。我们认为这个观点对于一般的资源推荐系统同样成立。

（三）推荐技术研究现状及趋势分析

推荐系统的核心是推荐技术，亦即各种个性化推荐算法。本部分将着重从推荐技术的分类、各种推荐技术概述、各种推荐技术对比、组合推荐4个方面进行介绍。

1.推荐技术的分类

RobinBurke 教授将推荐技术分为协作过滤推荐（Collaborative Filtering）、基于内容的推荐（Content-based Filtering）、基于用户统计学（Demographic）的推荐、基于效用（Utility-based）的推荐、基于知识（Knowledge-based）的推荐。

BenSchafer 等认为推荐技术可以分为非个性化推荐（Non-personalized Recommendations）、基于属性的个性化推荐（Attribute-based Recommendations）、条目相关性推荐（Item-to-Item Correlation）、用户相关性推荐（People-to-People Correlation）。

曾春博士认为：个性化服务系统根据其所采用的推荐技术可以分为协作过滤系统、基于内容的过滤系统、基于规则（Rule-based）的系统，其中协作过滤和基于内容的过滤统称为信息过滤（InformationFiltering）。

Loren Terveen 等认为根据不同推荐技术，推荐系统可以分为基于内容的推荐系统、推荐支持系统（Recommendation Support System）、社会化数据挖掘系统（Social Data Mining Systems）和协作过滤系统。

2.各种推荐技术概述

协作过滤推荐是由 David Goldberg 等首次提出的，是目前研究和应用最为广泛的个性化推荐技术，也是真正意义上的个性化推荐技术。

基于内容的推荐源于信息检索领域，主要通过比较文档的内容与用户兴趣模型来向该用户推荐文档。用户兴趣模型的维持是通过用户注册过程中该用户初始输入的兴趣点及用户对文档的评价来实现的。其优点是简单、有效，缺点是难以区分资源内容的品质和风格，而且不能为用户发现新的感兴趣的资源，只能发现和用户已有兴趣相似的资源。基于内容过滤的基本问题包括用户兴趣的建模与更新，以及相似性计算方法。在建模的过程中，通常使用两种方法：一种是矢量空间模型；一种是概率模型。两种方法对比实验表明，概率模型比矢量空间模型更好地表达了用户的兴趣和变化。

基于用户统计学的推荐系统试图根据个人信息对用户进行分类，并基于这种用户统计学方式的分类进行推荐。一个比较早地应用了这种理念的系统是 Grundy，它通过收集人机对话的个人信息来推荐书籍。后来的一些系统也都采用了统计学的信息。统计学技术在"人与人相似度"的计算上和协作过滤非常相似，只是使用了不同的数据。和协作过滤与基于内容的过滤相比，这种基于用户统计学方法的好处是，它可以不需要用户的评分记录等信息。

基于效用的推荐，通过对每个条目进行基于用户的效用计算从而做出推荐。当然，主要问题是如何为每个用户生成一个效用函数。很多这类系统如 Persona Logic，都有不同的技术来得到用户的效用函数，并将它们应用于考虑之中的条目。

基于知识的推荐，基于对用户需求和喜好的推断从而尝试进行推荐。从某种角度来说，所有推荐技术都可以被认为是进行了某种推理，不同的是，基于知识的方法有功能性知识：它们有着关于一个特定的条目在多大程度上满足了一个特定用户需求的知识，所以它们可以推断出一个需求和一个可能的推荐之间的关系。用户兴趣模型可以是支持这种推理的任何一种知识结构。功能性知识在推荐系统中必须以机器可读的方式存在（如本体、Ontology）。例如，Quickstep and Foxtrot 系统使用了关于学术论文主题的本体知识库向读者进行推荐。

基于规则的推荐系统利用预定义的规则来过滤信息，其优点是简单、直接，缺点是规则质量很难保证，而且不能动态更新。此外，随着规则数量的增多，系统将变得越来越难以管理。

（四）协作过滤技术现状及趋势分析

1.历史

Tapestry 是最早的一个协作过滤推荐系统，该系统同时支持基于内容的过滤和协作过滤，允许人们根据自己对文档感兴趣的程度为其添加标注，并利用这一信息为他人进行文档过滤。这个系统依赖于一个联系紧密的团体内人们的显性观点，如一个办公小组。然而，在一个包含了较大规模用户数的推荐系统中，用户之间往往是不认识的。随后一段时间，一些基于评分的推荐系统被开发出来：Grou-pLens 学术研究系统针对 Usenet 新闻及电影提供了一种匿名的协作过滤解决方案；Video Recommender 是一个面向视频资源的推荐系统；Movie Lens 则是一个用来推荐电影的研究型推荐系统，并由明尼苏达大学的研究者于 1996 年发布到网上。在这些早期系统的基础上，近年来一些有特色的推荐系统也随着个性化推荐技术的逐步成熟不断产生或成为较为流行的网络应用，如 MyFreddy、豆瓣、Amazon 等。

2.分类

协作过滤算法通常分为基于内存（Memory-based）的协作过滤算法和基于模型（Model-based）的协作过滤算法。基于内存的协作过滤算法有时也被称作基于全局的算法或启发式方法，是将所有数据读入内存，然后利用这些数据算出相关所有用户（或条目）之间的相似度，再利用相似度根据有效的推荐算法推荐出合适的资源。基于模型的协作过滤算法，一般利用打分矩阵先建立一个模型，然后在这个模型上计算用户与用户之间或条目与条目之间的相似性。

基于内存的协作过滤算法主要依赖最近邻算法（k-nearest neighbors），又可以分为基于用户（User-based）的协作过滤算法和基于条目（Item-based）的协作过滤算法。基于用户的协作过滤算法适用于用户数目不大，而条目的数量远多于用户的情况。例如，一个学术论文推荐系统往往只有几千个用户，但有数万篇论文。基于条目的协作过滤算法适用于用户数量非常多而条目数量相对用户数目较少的情况，如较为大型的电影、音乐推荐系统。

基于模型的协作过滤算法主要是采用统计或机器学习方法建立模型，涉及的知识非常丰富而广泛。有贝叶斯网络方法（Beyesian Network Methods）、机器学习方法、统计模型、概率相关模型、线性回归模型（LinearRegression）、最大熵模型（Maximum Entropy Model）、聚类（Clustering）的方法、马尔科夫决策过程（Markov Decision Processes）等。

3.基于用户的协作过滤算法和基于条目的协作过滤算法

最早的协作过滤技术实际上就是基于用户的协作过滤。其基本步骤是：①得到用户的历史评分数据；②针对用户进行用户之间的相似度计算，找到目标用户的"最近邻居"；③根据相似度对目标用户可能产生的评分进行预测，进而产生推荐。

从上面的简要算法流程可以发现，基于用户的协作过滤算法完全不对条目本身进行分析，它对于条目的所有记录只有一个唯一标识符，对用户的推荐也仅仅是基于该用户与其他用户的相似性。这个方法试图表达的是：当一个人搜索信息的时候，请教那些与其有着相同、相似兴趣的和那些意见可以被信任的用户，往往有很好的效果。

基于用户的协作过滤算法在个性化推荐系统中获得了极大的成功，但它也存在一定的局限性。例如，在计算用户的相似度时，是通过将目标用户的历史行为记录与其他每一个用户的记录相比较得出的，设想一下，对于一个拥有上百万个用户的网站来说，每计算一个用户都将涉及上百万次的比较，更不要说其中会带来的大量数据库IO操作的开销。为了在用户数远大于条目数的推荐系统中缓解上述问题带来的困扰，基于条目的协作过滤算法产生了。与基于用户的协作过滤算法不同的是，基于条目的协作过滤算法比较的是条目与条目之间的相似度，即①得到条目的历史评分数据；②针对条目进行条目之间的相似度计算，找到目标条目的"最近邻居"；③产生推荐。有很多互联网应用的条目数量相对稳定，并且少于用户数量（如一个大型的电影网站，可能其包括的电影有几万，甚至几十万，但其用户数量可能达到百万级别），对于这类网站基于条目的算法比基于用户的算法的计算量要小得多，在一定程度上降低了在线计算量，提高了系统性能，实验证明预测效果也更为理想。

（五）基于物理模型的推荐算法

随着复杂网络在万维网、社交网络、生物网络等大规模网络中的应用，有学者将复杂网络引入推荐算法的分析中，并在此基础上引入物理中的物质扩散和热传导原理，提出了基于物理模型的推荐算法。这类推荐算法不需要考虑用户和商品的属性，仅把他们抽象为节点来分析其中的关系。例如，周涛等就通过建立用户—商品的二分图来表示用户和商品的联系，并利用物理中物质扩散原理向用户进行推荐。后续又有人将物质扩散推荐与协作过滤结合在一起，提高了推荐的准确度。张翼成通过引入了用户对商品的评分，在加权网络中利用物理中热传导和物质扩散进行推荐。

1.基于物质扩散的推荐算法

基于物质扩散的推荐算法的原理是使用二分图来表示用户和商品之间的联系，并假设用户所选择的商品都具有为用户推荐其他用户没有选择的商品的能力。即为用户选择过商品赋予某种可分的资源，这种资源通过物质扩散原理传递到用户没有选择的商品中，获得资源更多的商品，用户喜欢的可能性更大。

2.基于热4传导的推荐算法

基于热传导的推荐算法与基于物质扩散的推荐算法相似，都是使用二分图来表示用户和商品之间的关系，但是在热传导中是通过计算平均值的方法进行资源传递的。

实验结果表明，基于物质扩散的推荐算法比传统的协作过滤推荐具有更高的准确性，基于热传导的推荐算法新颖度和个性化效果更好。但是从上面的分析过程可以看到，基于物质扩散和基于热传导的推荐算法不适用于用户数量和商品数量很大的大规模网络。

（六）基于社交网络的推荐算法

随着互联网等技术的发展，社交媒体服务也得到越来越多的用户参与其中，人们喜欢与自己兴趣相投的用户进行交流，也更愿意接受自己的好友推荐的商品，并且在短时间内用户的兴趣是不会有太多变化的。基于此，提出了基于社交网络的推荐算法，通过分析用户的社交关系，可以建立两种不同的图谱，即社交图谱和兴趣图谱，其中社交图谱是用于描述用户之间的相似性，兴趣图谱是用于描述用户对于不同兴趣爱好的偏好程度，根据这两种不同的图谱可以建立基于社交图谱的推荐算法和基于兴趣图谱的推荐算法。

1.基于社交图谱的推荐算法

社交图谱是根据用户之间的关系建立的图谱，它表明了"我认识你"或者"我关注了你"这一关系，如我们一起工作的同事、同一个班级的同学等都是互相认识的人组成的社交图谱，微博中我们关注我们感兴趣的人也构成了一个社交图谱。社交图谱可以理解为用户关系模型，通过该模型我们可以分析出用户之间的亲密度、相似度等重要信息。基于社交图谱的推荐算法可以理解为协作过滤推荐的一种变形，利用用户的相似度进行个性化推荐。此外，还可以在社交图谱中引入协作过滤中的基于用户相似度的推荐方法，为目标用户提供个性化的推荐，即通过结合社交图谱中用户的亲密度和协作过滤推荐中的用户相似度共同作为最终的用户相似度。而且由于好友之间的信任，使得推荐结果更容易被目标用户接受，可以通过引入信任模型来进一步提高推荐的准确性。

2.基于兴趣图谱的推荐算法

兴趣图谱是根据用户兴趣建立的图谱，它描述了用户对不同兴趣爱好的偏爱程度。基于兴趣图谱的推荐算法可以理解为基于内容推荐的一种变形，首先通过TF-IDE向量，用户浏览内容相似性等方法分析用户的访问内容来建立用户在一段时间内的兴趣图谱，兴趣图谱的表现形式多种多样，如带有权重的关键词集合、语义网络等。然后对用户兴趣图谱与待推荐对象进行匹配，在推荐系统中常用的匹配方法是排序敏感查询，根据驱动对象的不同又分为正向排序查询和逆向排序查询，以逆向排序查询来阐述其基本思想，即对于给定的待推荐内容，找到该推荐内容在给定权重向量（用户兴趣图谱）作用下的排序，选出前 N 个对象进行推荐。

（七）面向公共文化服务的推荐系统架构设计

面向公共文化服务的推荐系统架构主要包括 7 个部分：可视化及用户交互模块、数据采集模块、分析模块、数据存储模块、精准推荐模块、评估模块和系统管理模块。可视化及用户交互模块的功能是供用户访问浏览并将推荐结果以可视化形式展示给用户。数据采集模块的功能是采集用户行为数据和辅助服务数据，其中，用户行为数据是指能够体现用户喜好的数据，如点击、收藏、下载等；辅助服务数据是指与公共文化相关的历史数据和各类网站上与公共文化有关的数据、分析模块的功能是对采集到的数据进行分析，建立不同的模型，如描述喜好的用户行为模型、社交网络的用户关系模型、资源访问热度模型等。数据存储模块的公共树存储不同类型的数据，如数据采集模块采集的原始数据、分析模块的模型数据等。精准推荐模块的功能是根据分析模块所建立的模型从实时的数据中挑选出用户可能喜欢的内容进行个性化推荐。评估模块主要是根据推荐结果的反馈来评估模型的建立是否合理有效，以便及时地进行调整。系统管理模块的功能是负责整个架构的管理，如推荐引擎的选择、推荐算法中权重的设置、数据存储的位置管理、模型的控制等。

四、数据分析算法的计算框架

（一）公共文化数据分析算法的并行编程模型实现方法

根据研究出的公共文化数据分析算法模型，构建适应大规模数据分析的行算法模型。使用 Hadoop MapReduce 或者 Apache Spark 作为并行计算框架。

（二）公共文化网络拓扑分析的图计算框架

根据研究出的公共文化数据的基于网络拓扑分析的算法模型，构建适应大数据分析的图计算模型。使用 Spark GraphX 作为图计算框架。

GraphX 是基于 Spark 的图处理和图并行计算 API，GraphX 是构建于 Spark 上的图技术模型，GraphX 利用 Spark 框架提供的内存缓冲 RDD、DAG 和基于数据依赖的容错等特性，满足了高效健壮的图计算框架。GraphX 同样基于 GAS 模型，该模型将顶点分配给集群中每个节点进行存储，增大并行度，并解决真实情况下常会遇到的高出度顶点的情况，GraphX 模型也是以边为中心，对点进行切割的。

GraphX 将图计算和数据计算集成到一个系统中，数据不仅可以被当作图来进行操作，同样也可以被当作表进行操作。它支持大量图计算的基本操作，如 sub-graph、MapReduceTriplets 等操作，也支持数据并行计算的基本操作，如 Map、Reduce、Filter、Join 等。通过对上述这些操作的组合，GraphX 可以实现一些通用图计算的数据模型，如 Pregel 等。经过优化，GraphX 在保持数据操作灵活性的同时，可以达到或接近专用图处理框架的性能。

MLlib 是 Spark 实现一些常见的机器学习算法和实用程序，包括分类、回归、聚类、协作过滤、降维，以及底层优化。

第八章 公共文化服务的大数据分析平台建设研究

第一节 公共文化服务的大数据分析平台建设背景

一、研究目标

（一）研究公共文化服务大数据分析平台架构的总体思路

（1）功能规划：满足公共文化服务数据的采集、共享、分析的功能。

（2）性能规划：支持多分析应用系统、多租户模式及高数据吞吐量。

（二）研究公共文化服务大数据分析平台架构的设计原则

（1）安全性原则：平台架构应该符合数据存储安全、数据传输安全、数据访问安全的原则，平台应该具有授权认证及数据访问控制的能力。

（2）可靠性原则：平台应该具备容错、冗余设计、故障恢复的能力。

（3）可扩展性原则：平台的计算能力和存储能力能够根据需要灵活调整，通过水平扩展的方式来实现其扩展性。

（三）研究公共文化服务大数据分析平台架构的设计方案

设计适用于公共文化共享和分析的大数据平台，符合功能和性能规划及设计原则。

二、研究领域

（一）云计算三层架构研究

按照云计算的标准三层架构——IaaS、PaaS、SaaS来设计公共文化服务大数据分析平台的架构。

（二）Hadoop 大数据平台研究

基于Hadoop生态系统的公共文化服务大数据分析平台的研究主要集中在以下几个方面。

（1）HDFS分布式文件系统；

（2）MapReduce并行编程模型；

（3）HBase数据库；

（4）ApacheSpark计算框架研究；

（5）分布式日志采集技术。

（三）大数据安全策略研究

公共文化服务大数据分析平台的安全技术研究主要集中在以下方面。

第一，基于角色的访问控制技术；

第二，数据安全传输技术SSL；

第三，授权认证技术Kerberos；

第四，网络防火墙技术。

（四）Hadoop 生态系统安全模块研究

公共文化服务大数据分析平台的Hadoop平台安全技术研究主要集中在以下几点。

（1）Apache Knox Gateway。

（2）Apache Sentry。

第二节　公共文化服务的大数据分析平台建设方案

一、开源硬件虚拟化平台

OpenStack是目前应用最广泛的开源基础硬件虚拟化技术，能够有效地将硬件资源虚拟化并进行管理。

二、虚拟计算机集群建设

计算机集群（Computer Cluster）是计算机分布式计算的高级技术，能够将多台普通计算机通过网络连接起来当作一台高性能计算机，用来完成高性能的分布式存储和计算。计算机集群中的计算机被称为节点，是集群的基本组成单位，计算机集群的负载均衡、水平扩展、故障恢复等技术，都是基于节点来实现的。

虚拟计算机集群就是利用虚拟化技术，创建出虚拟机作为计算机节点，用来构成完整的虚拟化计算机集群。通过集群的大量节点，可以在不升级硬件的情况下，进行分布式并行计算和存储，以提高硬件的工作效率。同时，虚拟计算机集群在资源管理方面比物理集群具有更高的灵活性。

三、大规模多源异构数据集成技术

制定平台组件间的数据交换规范，设计符合 RESTful API 规范的统一数据访问接口，满足平台组件之间松耦合性的要求。

四、数据管理技术

（一）结构化数据的管理

MySQL Cluster 关系数据库集群技术具有高可用性和可扩展性，适合于分布式的关系型数据管理。

（二）非结构化和半结构化数据的管理

1.HDFS 文件系统

HDFS 是可伸缩的、可扩展的分布式文件系统，具有高可用性。

2.HBase 数据库

HBase 是基于 HDFS 的 NoSQL 数据库，适合于存储半结构化和非结构化数据。

3.MongoDB 数据库

MongoDB 是用于半结构化数据的 NoSQL 文档数据库，优点是写入速度快、查询速度快、可扩展，并具有高可用性。

（三）元数据的管理

对于一些有元数据管理需求的非结构化数据文件，可以将文件存储在文件系统中，并将元数据及文件的索引存储在关系数据库 MySQL Cluster 中。

五、基于 Hadoop 的计算框架技术

（一）内存计算框架的研究

Apache Spark 是基于 Hadoop 平台的内存计算框架，它将算法运算的中间数据存放在内存中，减少了磁盘 I/O 操作，极大地提高了计算速度。Apache Spark 框架适用于数据量不大但是对计算速度要求高的情况。Apache Spark 框架提供了一系列的组件，包括 Spark Streaming 流计算技术、Spark GraphX 图计算技术、Spark MLlib 机器学习算法库，以及 Spark SQL 基于 SQL 的查询技术。

（二）并行编程模型

MapReduce是Hadoop平台提供的并行编程模型，支持较高的数据吞吐量，很适合进行大规模数据的并行计算，具有较高的运算效率。

（三）流计算技术

Spark Streaming是Spark框架提供的流计算技术，可以将连续的数据离散化成RDD（弹性分布式数据集），然后对指定时间区间（通常是以秒为单位）内的RDD进行批处理，从而实现流计算。Spark Streaming能够达到"秒"级别的计算速度，适用于需要实时计算的场景，如实时统计计算。

（四）图计算技术

1.Titan图数据库技术

Titan是开源的分布式图数据库，后端数据存储采用HBase或者Cassandra数据库，并提供统一的数据操作接口。

2.Spark GraphX图计算技术

Spark GraphX是基于Spark内存计算框架的分布式图计算技术，适合进行迭代计算和用于基于图论的机器学习算法，如PageRank、Connected Components，Label Propagation、SVD++、Strongly Connected Components、Triangle Count等算法。Spark GraphX能够从HBase等数据库中读取数据，并将数据从"表"形式转换成"图"形式，以便进行计算。GraphX的编程模型继承自BSP（Bulk Synchronous Parallel，整体同步并行计算模型），是一种迭代编程模型。与MapReduce不同的是，BSP将中间计算结果保存在内存中，减少了大量的磁盘I/O操作，极大地提高了迭代计算的速度。

六、平台安全管理

（一）数据加密技术

数据在外部用户和公共文化服务大数据分析平台之间的数据传输，以及平台内部节点之间的数据传输必须得到安全保障，以防止数据在传输过程中被截取和破坏。SSL（Secure Sockets Layer，安全套接层），是一种网络传输安全协议。SSL安全协议使用数字证书技术对用户和服务器进行认证，以确保数据发送到正确的机器。SSL安全协议使用非对称的公钥加密算法对数据进行加密，防止数据在网络传输过程中被人窃取。SSL安全协议还有数据完整性的验证机制，保证接收到的数据与发送的数据一致。SSL安全协议的数据加密传输流程如图8-1所示。

①客户端向服务器发送本次数据加密的相关信息，如加密算法、密钥长度等

②服务器将包含公钥信息的数字证书回复至客户端；

③客户端使用公钥将密钥加密，并传送至服务器；

④服务器解密得到密钥，并回复确认消息至客户端；

⑤客户端与服务器之间开始传输使用密钥加密的数据。服务器得到数据后通过密钥解密，得到真正的数据内容。

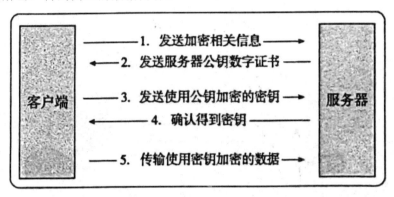

图 8-1　SSL 安全协议

（2）授权认证技术

Kerberos 安全认证协议能够对计算机集群的节点进行授权，有授权的节点才能访问数据和各种服务。对于虚拟主机之间对文件的安全访问，本项目使用了 Kerberos 安全认证协议，做到机器级别的安全防护，没有经过认证的主机无法访问数据，防止有人利用集群外的计算节点伪装成集群的虚拟主机，窃取和破坏数据。Kerberos 安全认证协议主要用于计算机网络的身份鉴别，用户只需输入一次身份验证信息就可以凭借通过验证获得的 Ticket 访问多个主机，即单点登录。由于在每个节点和 Kerberos 服务器之间建立了共享密钥，所以该协议的安全性很强，过程如图 8-2 所示。

①客户端在请求访问数据服务器之前，必须先向 KDC 服务器请求 Ticket；

②客户端得到 Ticket；

③客户端向数据服务器发起请求，同时将 Ticket 发送过去，数据服务器现对 Ticket 进行验证；

④如果验证通过，数据服务器将数据发送给客户端。

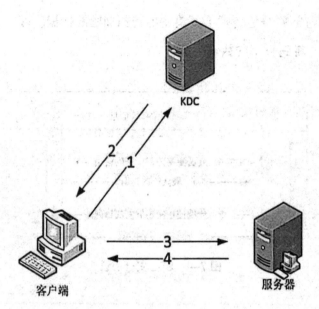

图 8-2　Kerberos安全协议

（三）访问控制技术

在公共文化服务大数据分析平台系统中，不同的用户会有不同的数据访问权限，平台采用基于角色的访问控制（RBAC），对不同的角色分配不同的访问权限。如图8-3所示，公共文化服务大数据分析平台系统首先定义了不同的角色，每种角色拥有自己的数据访问权限和程序执行权限，然后为用户分配角色，保证每个用户会扮演一个角色。这样，通过用户分配的角色，就可以对用户进行授权。

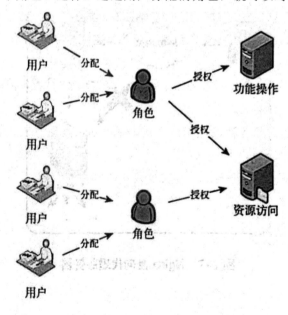

图 8-3　基于角色的访问控制策略

（四）网络防火墙技术

使用反向代理服务器技术作为网络防火墙，将公共文化服务大数据平台与外界网络隔离开。应用接口是 PaaS 层提供给外界的统一接口，用于使用各种分析服务及数据访问。公共文化服务大数据分析平台的应用系统是基于 B/S 结构的框架实现的，前端用户通过浏览器对系统进行访问。如果将应用服务器的 IP 地址暴露出来，应用服务器就很容易被人直接攻击。本项目部署了 Nginx 反向代理服务器，将平台和外界网络隔离开来，隐藏了应用服务器的真正 IP 地址。当用户请求访问云服务平台的应用系统时，反向代理服务器会将用户请求转发给应用服务器。由于反向代理服务器并没有存放重要数据，因此，即使被攻击崩溃的话，造成的损失也很有限。系统维护人员在发现反向代理服务器遭到攻击的第一时间，就会采取措施，以避免对计算机集群的进一步攻击。

七、Hadoop 生态圈安全技术研究

（一）Apache Knox Gateway

Apache Knox Gateway 提供了单点安全访问控制模式，对 Hadoop 集群的访问请求进行控制，如图 8-4 所示。Apache Knox Gateway 通过 RESTAPI 对客户端提供 Hadoop 访问的接口，并且为 Hadoop 集群构建了防火墙。

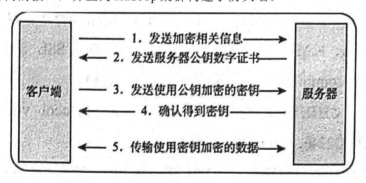

图 8-4　Apache　Knox　Gateway 安全技术

（二）Apache Sentry

Cloudera 公司提供了安全管理模块 Sentry，Sentry 提供了细粒度的基于角色的安全访问控制，以及多租户权限管理模式等，具体功能如下。

①细粒度访问控制：Sentry 提供细粒度的访问控制，针对服务器、数据库、表和视图等提供了不同特权级别的访问控制。

②基于角色的权限管理：Sentry 通过基于角色的授权来简化管理，Sentry 可以对多个用户或者用户组授予不同权限。

③多租户管理：Sentry 能够为不同管理员所管理的数据集设置权限。

④统一平台：Sentry 提供了统一平台，使用 Kerberos 协议实现机器级别的安全认证。

第九章　基于公共文化服务大数据分析的应用系统建设方案

第一节　基于公共文化服务大数据分析的应用系统建设背景

一、研究目标

研究各种公共文化服务大数据分析应用系统的实际和实现，包括公共文化决策分析和平台资源评估优化分析系统。

二、研究领域

对于公共文化服务大数据分析应用系统的研究主要集中在以下几个方面：①应用系统架构设计；②应用系统的数据分析模型；③应用系统的可视化分析。大数据结果应用主要体现在以下方面。

（一）在线应用

在线应用是大数据应用的高级形式，即将分析结果应用到信息系统中，提供智能检索、个性化推荐与智慧服务，用于显示数据挖掘结果。

智能检索，即结合分析到的元数据及词表、词典等资源，对检索系统进行改进，辅以环境信息，包括访问者的地理地址、访问时间等改善传统检索的相公共文化服务大数据关性。个性化推荐即通过分析用户兴趣，进行在线资源与活动的推送。智慧服务，如对用户在参观展览过程中，通过地理位置信息、行为信息、体验数据分析，为公众提供参观路线指导、展品推荐、其他展览推荐、导览内容移动下载等服务。

（二）离线应用

大多数大数据分析结果无法通过在线应用的形式体现出来。例如，南京博物院发现，到访量超过1次的本地游客，有更大的兴趣担任文化志愿者。类似这种规律的发现，对辅助业务决策、行政决策起到很大作用。大数据的分析结果还对服务考评，公共文化服务产品的开发具有巨大的辅助作用。大数据规律的挖掘可以参与到规划、开发、宣传某个公共文化服务产品的全过程中来。

（三）大数据报表与可视化技术

最基础的大数据应用是将采集到的数据、数据规律统计分析，以及数据报表显示出来。包括数据报表、图形报表、指标分析、趋势图表、数据图像显示等，显示数据统计分析与预测结果。

数据可视化，是关于数据视觉表现形式的科学技术研究，主要是指技术上较为高级的技术方法，而这些技术方法允许利用图形、图像处理、计算机视觉及用户界面，通过表达、建模，以及对立体、表面、属性及动画的显示，对数据加以可视化解释。

主要应用工具有：①报表类，如 JReport、Excel、水晶报表、FineReport 等。②BI 分析工具，如 StyleIntelligence、BO、BIEE、Yonghong Z-Suite 等。③国内的数据可视化工具，有大数据魔镜、FineBI 商业智能软件等。

三、关键技术

公共文化服务大数据分析应用系统的关键技术主要集中在以下几点：①公共文化服务应用系统架构技术。②公共文化服务应用系统架构与大数据平台的融合。③公共文化服务应用系统可视化分析方法。

第二节　基于公共文化服务大数据分析的应用系统建设方案

一、应用系统架构设计

（一）软件开发架构

基于公共文化服务大数据分析的应用系统采用 B/S 结构，使用 J2EE＋HTML5 技术开发，采用三层架构的开发模型，如图 9-1 所示。

数据访问层主要负责对大数据平台的数据进行操作，包括读取、插入、删除、更新。数据操作的对象包括关系数据库、NoSQL 数据库及存储非结构数据的文件系统。

业务逻辑层根据分析应用的需求执行算法，进行计算。

表现层将业务逻辑层的计算结果在屏幕上可视化地展现给用户。

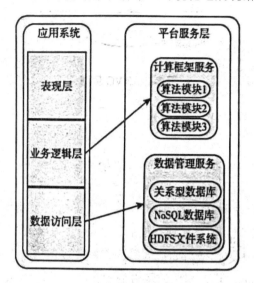

图 9-1　大数据分析应用系统概念

（二）Struts2 介绍

Struts2 是 Struts 的下一代产品，但是 Struts2 和 Struts1 差别巨大。Struts2 是以 WebWork 技术为核心，综合了 Struts1 和 WebWork 的优点设计开发的一个基于 MVC 模式的 Web 开发框架。它可以帮助开发者更高效地运用 MVC 设计模型来开发 Web 应用。

MVC 的英文全称为 Model-View-Controller，即模型——视图——控制器。MVC 的工作原理如图 9-2 所示，模型、视图、控制器三者相互分离，但相互影响，其中模型主要封装了核心数据并完成业务逻辑的处理。视图主要展现给用户的人机交互界面及数据处理的结果等。控制器则类似于一个调度站，决定哪个模型用于计算，哪个视图用于展示。

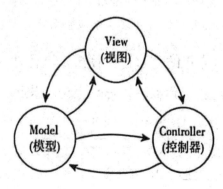

图 9-2　MVC 原理

Struts2框架结构如图9-3所示。

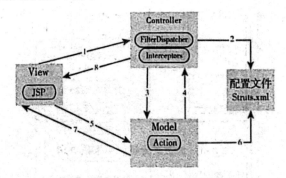

图9-3　Struts2框架结构

Struts2的工作流程如下。

①客户端发送一个请求,该请求需要经过三成过滤器的处理,先是Action Context Clean Up,再到其他过滤器,最后到Filter Dispatcher,即核心控制器。

②Filter Dispatcher会根据Struts2的配置文件决定调用某个Action。

③启动某个Action,进行相应的逻辑处理。

④在调用某个Action的前后,会启用不同的拦截器(Intercrptors),如登录验证等。

⑤在Action处理过程中,有时会需要客户端提供的数据。

⑥Action处理结束后,需要根据查询配置文件,找到对应的返回结果。

⑦Action执行完毕,将结果返回到客户端。

⑧由核心控制器(Filter Dispatcher)决定返回到某个视图页面。

(三)jQuery介绍

jQuery是一个轻量级的javascript库,它不仅兼容各种不同的浏览器,且兼容了CSS3。jQuery的设计理念是Write Less,Do More(写得更少,做得更多)。它是全面对DOM对象进行操作的API,所以能更简单地处理HTML、各种事件,实现更完美的动画效果。例如,jQuery将html页面中的代码和其布局的内容元素进行分离,即不用再在html里面插入一堆js来调用命令,只需为每个元素设置id,便可以通过id来调用不同的元素。同时,jQuery还能更方便地与JSON、AJAX联合开发,使得Web开发人员能够更高效、便捷地完成工作任务。jQuery还有一个比较大的优势就是它的文档说明很全,对于不同的应用都讲解得非常详细,同时还有许多成熟的第三方插件可供选择,如Cookie插件、灯箱插件等。

(四)Spring介绍

Spring是一个开源的轻量级Java开发框架,整个框架由六部分组成,即Core、DAO、ORM、JEE、Web和AOP。Spring的一个最大目的就是为Java开发人员在进行企业级应用开发的时候提供了一站式的解决方案。它涵盖了简单性、可测试性及松耦合等诸多优点。Spring 的核心是 Spring Core 中的 IOC（Inversion of Control，控制反转），Spring 使用基本的 JavaBean 来替代 EJB，完成 EBJ 的工作，实现了接口与现实的松耦合。

与 Struts、Hibernate 等单层框架不同，Spring 提供一个统一的、高效的 Web 应用的全面解决方案，但由于 Spring 是分层架构的，所以在 Web 应用开发时可以建立一个通过单层框架的最佳组合方式构成的连贯体系。例如，视图层可以使用 Struts，持久层可以使用 MyBatis。

（五）Ajax 介绍

AJAX 全名"Asynchronous JavaScript and XML"（异步 JavaScript 和 XML），是一种用于创建交互式网页应用的开发技术。AJAX 技术可以使网页异步更新，即在不重新加载整个页面的情况下，刷新部分页面内容。AJAX 提出的请求使用了异步传输（HTTP 请求），减少了请求信息量，并且能在不干扰用户操作的情况下，服务器对用户的请求做出响应，从而刷新部分页面。这使得 Web 应用更小更快，更加友好地实现人机交互。用户通过 JavaScript 使用 AJAX 引擎发送 HttpRequest 请求，服务器端通过 XML 返回给 AJAX 引擎，转化为用户界面上的变化。

（六）MyBatis 介绍

MyBatis 是一个给予 Java 的持久层框架，包括 SQL Mapping 和 DAO，MyBaits 支持普通 SQL 查询，存储过程和高级映射。MyBatis 避免了所有的 JDBC 代码和参数的手工设置及结果集检索的烦琐，通过使用简单的 XML 或注解用于配置和原始映射，将接口和 Java 的 POJOs（Plain Old Java Objects）映射成数据库中的记录，从而更高效、简单地进行数据处理。

MyBatis 的功能架构分为三层，如图 9-3 所示。

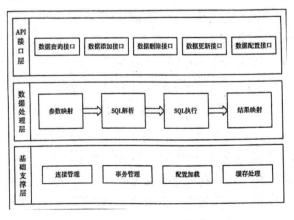

图 9-3 MyBatis 架构

①API接口层：API接口层封装了很多提供给外部使用的接口，如数据查询、数据添加、数据删除等。开发人员通过这些本地API接口来操作数据库。接口层接收到调用请求后，会启动数据处理层来完成具体的数据处理工作。

②数据处理层：数据处理层的主要工作是根据接口层的调用请求来完成相应的数据库操作，主要过程是SQL查找、SQL解析、SQL执行和执行结果映射处理等。

③基础支撑层：基础支撑层负责最基础的功能支撑，其将所有开发过程中公用的东西抽取出来，封装成最基础的组件，为数据处理提供统一的支撑。主要包括连接管理、事务管理、配置加载和缓存处理。

（七）软件架构设计

系统采用j2ee技术开发，通过开源技术和框架实现，该框架目的是减少Struts2中的Action，通过前端js的ajax请求调用指定的Service的指定方法，简化中间代码。

表现层：采用jQuery+jq.ui+jqGrid等技术。

控制层：Struts2接收请求，通过反射调用指定Service的指定方法调用服务。

服务层：采用Spring注入指定业务代码，调用业务方法完成业务处理。

持久层：采用MyBatis将对象持久化。

（八）多租户应用的数据隔离和资源共享

多租户模式是指租户可以共用一个或一组程序实例。这里，租户不是指的用户，而是特指的应用程序的使用单位，如以文化馆为单位，也可以是以家庭为单位。用户是真正使用体验系统的实体。租户专有的数据必须进行隔离，如配置文件、使用人数、用户的访问日志等数据，任何租户都不能访问其他租户的专有数据。数据隔离模型有3种：独立数据库模型、共享数据库独立Schema模型、共享数据库共享Schema模型。共享数据库模式的隔离级别最高，但成本也很高。共享数据库共享Schema模式的成本最低但数据的独立性很差，一旦Schema出了问题，所有租户的数据都会受损。考虑到体验系统需要一个安全性和管理成本平衡的设计，本项目使用共享数据库独立Schema的模式设计数据库，以实现数据的逻辑隔离，任何租户都只能访问属于自己的Schema的数据。

本项目按照SaaS成熟度模型的第四级思想设计了实例池，其中的实例部署在Tomcat服务器上。如图9-4所示，所有租户共享这个实例池，实例池根据各租户对资源的需求动态分配资源，同时实例池根据实际运营的性能指标（如吞吐量），来调整实例池中的计算节点的数量，并进行负载均衡。体验系统通过配置文件来实现每个租户专有的UI和功能。这样就实现了系统资源和功能两个层面上的按需提供服务。

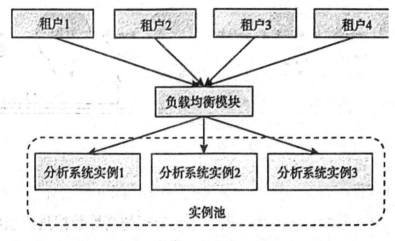

图9-4　公共文化服务大数据平台多租户模型

二、可视化分析方法

表现层的数据可视化方法能够对数据分析结果进行图形化展示，让用户高效地理解分析的结果。对分析过程的交互式可视化展现，可以让用户更精确地进行数据分析。数据可视化不同于艺术设计，是将需要展示的每一项数据根据规则映射到一种可视化元素，并不是主观地将数据"画"出来。同时，数据可视化通常要结合人机交互的技术，用于高维数据的数据过滤、语义缩放及维度变换等需求。这样，可视化的结果就不再是一张静态的图片，而是交互式的，可以实时进行数据转换和图形变换的动态展示系统。

（一）信息可视化模型

Chi等描述了信息可视化/数据可视化的参考模型示。该模型描述了数据可视化的过程，其分为数据提取阶段和可视化转换阶段，其中包括数据转换、可视化映射、视图转换等步骤。

1.数据转换

原始数据是指从数据源采集到的、未经处理的高维数据集。原始数据通过数据变换的方法转换成数据表（Case-by-Variables Table），在数据转换过程中，要清除没有可视化需求的数据维度。数据表是一种二维表，将原始数据的所有有效数据维度以表格的形式展现出来。通过数据表，可以确定需要进行可视化的数据维度及数据维度的值。

2.可视化映射

通过使用图形化元素进行可视化映射，将数据表转换为图形化的表达形式。

可视化映射的第一步是需要确可视化布局。可视化布局（Visual Layout）是数据进行可视化表达的基本空间结构。可视化布局是物理概念，因此最多有 3 个维度，但是用于可视化的数据可以是高维的。Card 等将数据按照维度进行了以下分类和总结。

（1）一维、二维、三维数据。一维数据集通常通过嵌入二维或者三维的可视化布局进行图形化展现。二维数据集通常使用位置方式展示，使用以坐标轴为基础的可视化布局，如散点图。三维数据集可以使用二维布局的组合，也可以使用基于三维空间坐标的位置方式来展现。

（20 多于三维的多维数据。多维或者高维数据集最多将其 3 个维度的数据使用位置方式展现在可视化布局中，其他维度的数据则使用图形化属性或者标记。

（3）树形结构数据。树形结构数据和网络形数据通常表示了数据对象之间的关系。树形结构数据表示了数据的层次化关系，如父子关系等，因此，常用的能够表达层次化的可视化布局，如 Node-Link 布局和 Space-Filling 布局。

（4）网络结构数据。网络结构类似于树形结构，但因为有闭合的回路，所以可视化表达更加不易。网络结构数据常使用 Node-Link 布局和基于 Matrix 的布局。

可视化空间布局是数据可视化的基础结构，但是对于多维数据集来说，只依靠布局无法将所有维度的数据进行可视化映射，因此，需要配合使用标记和可视化数据。Card 等总结了常用的标记和图形化属性。标记：点、线、面积、体积；图形化属性：连接、闭合、位置、长度、角度、密度、颜色、材质、形状等。

给出了标记和可视化属性对于不同类型数据的使用优先级。数据可以被分为 3 种类型：定量数据（Quantitative）、定序数据（Ordinal）、定类数据（Nominal）。这是一个由顶向下的排列，也就是说越往上的标记和可视化属性，越能够有效地对数据进行可视化表达。

3.视图转换

当一个多维数据集被可视化以后，往往只能静态地展现几个维度的数据，或者某一空间位置或者状态，为了能够更加全面和灵活地展示数据集的全部信息，一个完整的可视化设计会提供基于人机交互的视图变换功能，让用户能够根据自己的需求改变可视化数据的维度选择、视角、方位、大小等，以此获得更多的数据集信息。

4.用户在可视化过程中的交互

用户可以根据任务需求对可视化的各个阶段进行控制，对于一个完整的数据可视化及可视化分析系统来说，提供用于调整的人机交互功能是必要的。

（二）常用的可视化布局

（1）Node-Link Layout

Node-Link Layout 是最常用的可视化布局，既可以展现树形结构数据也可用于展现网络型数据。Node-link layout 由节点（Node）和连接（Link）两个部分组成。节点用来表现数据对象，连接用于表现数据对象之间的链接关系。Node-Link Layout 有多种绘图算法来展现不同形式的数据：

（1）Reingold-Tilford Layout，常用于带有根节点的树形结构数据的图形化展示。该布局通过对节点进行分层来表现节点之间的关系，并具有方向性，如自顶向下、自左向右，能够表现数据的层次性。

（2）Radial Layout，使用极坐标系取代直角坐标系来展现树形数据。树的根节点在布局的中心，其他节点分布在以根节点为中心的同心圆上，与根节点的距离根据数据的层次特性来计算。

（3）Balloon Tree Layout，是一种特殊的 Radial Tree。该布局的节点围绕着各自的父节点分布，而不是树的根节点。

（4）Force-Directed Layout，该布局展示了一个物理系统。节点之间的距离根据物理系统中节点间的引力和斥力决定。

（5）Circular Layout，所有节点分布在一个圆圈上，这样可以有效地解决连接交叉的问题。

（6）HierarchicalGraphLayout9，用于展示有向无环图（DAG），并将数据的层次属性考虑了进去。

Node-Link Layout 广泛应用于不同领域。Plaisant 等提出了 SpaceTree 的概念，其提供了动态的分叉形式来适应有限的空间。Becker 等为了将电信网络的通信数据传输进行可视化，使用了节点的位置来表达电信网络节点的地理位置。Heer 等在可视化社会网络的时候将用户的头像附加在节点上，以达到对人直观识别的效果。另外，决策树可视化也是 Node-Link Layout 最重要的应用。

Node-Link Layout 作为一种基本布局也经常与其他的布局相融合，来表现具有复杂关系的数据集。MatrixLayout 可以与 Node-LinkLayout 结合，来消除链接的交叉。在文献中 Treemap Layout 与 Node-Link 结合使用，对数据结构中的数据层次进行展示。Holton 等将 Sunburst Layout 与 Node-Link Layout 结合使用，来表现树形数据的层次结构。

2.Space-Filling Layout

Space-Filling Layout 是一类布局的总称，主要用于展示树形结构数据，通过位置信息和空间包含信息来表现数据的层次关系。这种类型的布局相较于 Node-Link Layout 来说有更好的空间利用率，适合大规模数据在有限屏幕空间内的可视化。常用的 Space-Filling Layout 有以下几种。

（1）Sunburst Layout

Sunburst Layout 是一种圆形的树形结构布局，根节点在圆形中心位置，其他节点的层次使用此圆形的半径长度来表示。一个节点的子节点排列在该节点的扇形延展区域内，由内向外表示父子节点关系。兄弟节点的面积通常表示语义，如数值的大小、重要性高低等。Sunburst Layout 能够比较好地体现海量数据概观的情况下利用人机交互展现数据细节，在各领域都有研究和应用。Andrews 等将文件系统可视化为两个链接的半圆 Sunburst Layout，一个展示文件系统的全貌；另一个动态地展示子系统。文献提出了一种人机交互融合的 Sunburst Layout，尤其是在其中融合了多焦点变形技术。Stasko 等同样使用 Sunburst Layout 来展示文件系统，但不同之处在于使用了颜色这种图形化属性来表示文件的类型，以达到直观的效果。Keim 等 1201 可视化了计算机网络的数据流，其中使用了 Sunburst Layout 分别表示数据源、数据目标和其他的相关信息。Patton 等在对计算机网络安全进行可视化分析的时候，将使用 Sunburst Layout 展示层次化聚类算法计算出的攻击数据集。

（2）Treemap Layout

Treemap Layout 是一种包含结构的布局，通过对矩形空间进行递归分割来展现树形结构数据的层次化，每个节点平面矩形空间分割并表示其子节，Treemap Layout 有效地利用了有限的空间为大规模数据提供了概观的视图，节点的量化属性由代表该节点的矩形面积来表示。各种研究工作为 Treemap Layout 提供了不同的分割方法，构建了不同形态的 Treemap Layout，如 Squared Treemaps，Ordered Treemaps、、Modifiable Treemaps，Nested Treemaps，Quantum Treemaps、Cascaded Treemaps 及 Cushion Treemaps 等。另外，Balzer 等提出了 Voronoi Treemaps 的概念，将传统的矩形布局用多边形来替换，如三角形、圆形等，以此来提高 Treemap Layout 对不同显示空间的适应力。

Treemap Layout 布局在很多领域都有应用。Heitzmann 等将 Treemap Layout 用于文件系统的可视化，并使用颜色来表达文件的访问权限。Holten 等在进行系统亮度分析时，使用 Treemap Layout 展示软件系统中元素的层次。Lommerse 等在软件分析中用 Treemap Layout 展示源代码中的语法。此外，Treemap Layout 也被用于体育比赛数据可视化、生物学中基因数据可视化及金融证券市场数据的可视化。

（3）Matrix-based Layout

Matrix-Based Layout，以矩阵为基础布局，其形式类似于二维表格，包括行跟列两个维度，适合于展示大规模数据集之中的关系信息，能够有效地消除 Node-Link Layout 布局带来的大量连接（Link）的交叉。Matrix Layout 广泛应用于众多领域的数据可视化，如电信、软件架构分析、社会网络分析、生物学等。Pirolli 等提出 TableLens 的概念，其思路是在 Matrix Layout 的基础上融入 Focus＋Context 的技术，实现了 Matrix Layout 的 DOI 变形的效果。该方法对于大型表格的展示十分有效，可以在保持概观的前提下，对选定的数据对象提供详细信息。Hao 等将计算机系统资源使用情况监控的时间序列数据使用 Matrix Layout 来进行可视化，并结合使用 DOI 变形的技术和颜色，对于不同时间区域的数据展示了不同详细程度的信息。MatrixLayout 也经常被用来与其他布局进行组合使用。Scatter Plot Matrix 就是其中一种，将二维的散点图嵌入 Matrix Layout 中来对多维数据进行可视化。Landesberger 等将 Node-Link 的布局嵌入 Matrix Layout 的每个单元格中，来对聚类分析的结果进行可视化展示。Henry 等在对社交网络进行分析的时候，在 Matrix Layout 的表头部分加入了弧线，来表示社交网络中人与人之间的关系。

（三）数据可视化中的人机交互

可视化系统中通常使用大量的人机交互，对数据对象或者可视化对象进行操作。常用的技术有以下几项。

1.Direct Manipulation

直接操作是人机交互最基础的技术，实现了对可视化对象直接进行操作，如移动、旋转等。

2.Dynamic Queries

动态查询允许用户在数据可视化展示的时候，在界面上动态地更改查询条件，实现灵活地可视化查询数据。

3.Panning

当用户正在查看的可视化对象尺寸过大，超出显示空间范围时，Panning 允许用户平滑地移动显示区域，来查看超出显示区域的那部分内容。

4.Geometric Zooming

几何缩放允许用户对可视化对象（如图片），进行几何尺寸的放大和缩小，来显示由于显示空间不足所无法显示的那部分图像。

5.Semantic Zooming

语义缩放技术在几何缩放的基础上做了一些变化，在用户对可视化对象进行放大的时候，将对象的详细信息内容（如元数据信息）显示出来，而不是简单地放大图像。

6.Details-on-Demand

在可视化大规模数据的时候，通常无法将所有的数据信息展示出来。结合 Details-on-Demand 技术的可视化系统，可以将数据的概观展示出来，当用户选择某个可视化对象的时候，该对象的数据细节将会在屏幕上显示出来。

7.Degree-of-Interest（DOI）Distortion

数据集中的数据的重要性不同，在显示空间有限的情况下，DOI 变形的概念是为重要数据分配更多的空间，来显示更多的细节信息，不重要的数据则只显示其概况信息。

8.Focus＋Context

该技术是 DOI 变形的一个重要应用，对于用户指定的重要数据分配更大的空间，作为整个视图的焦点，其他数据的可视化展示作为上下文，这样就可以在突出重点的情况下，保持与重点数据相关的数据，可以促进对重点数据的理解。

参考文献

[1] 谢瑞霞.借助网络信息平台参与公共文化服务——评《互联网时代高校图书馆与公共文化服务的融合发展和实践》[J].山西财经大学学报，2022，44（4）：1-9.

[2] 高璇."互联网+"时代的公共数字文化服务发展研究——以"淄川文化云"为例[J].大众文艺：学术版，2021，（16）：2-4.

[3] 陈智胜.基于大数据的博物馆（科技馆）旅游发展对策[J].现代营销：上，2022，（2）：50-52.

[4] 蒋笑吟.大数据时代群众文化智慧服务的路径建设研究[J].休闲，2021，（18）：1-11.

[5] 王倩倩.新时代公共文化服务社会化发展浅析[J].学生电脑，2021，（6）：1-5.

[6] 何培育，周煜.大数据时代算法合谋的反垄断规制路径优化[J].科技与法律，2023，（3）：68-71.

[7] 付雅丹.大数据背景下企业财务管理的现状与解决对策[J].经济学，2023，6（1）：26-28.

[8] 刘恋.互联网时代下我国公共文化服务的环境分析[J].中国新通信，2021，23（13）：2-5.

[9] 蒋振河.探析"互联网+"时代公共文化服务对文化养老的作用[J].艺术科技，2021，34（16）：3-8.

[10] 高阳，黄丹.大数据时代公共数字文化云平台建设探索[J].昌吉学院学报，2022，（3）：110-114.

[11] 罗萍.大数据时代公共管理平台的构建[J].商业文化，2021，（25）：130-131.

[12] 陈宇华.大数据时代文化馆数字化建设的思考[J].艺术家，2022，(1)：99-101.

[13] 化柏林."公共文化服务大数据分析实践"专题序[J].图书情报研究，2021(2)：14-21.

[14] 刘欣.大数据背景下文化馆公共数字文化服务模式探索[J].花溪，2021，(6)：2-8.

[15] 睢海霞.大数据视角下基层公共文化数字化服务研究[J].成都理工大学学报：社会科学版，2021，29(1)：6-11.

[16] 秦玲玲.大数据时代农村养老文化转型探析[J].艺术科技，2021，34(1)：49-50.

[17] 罗燕.大数据时代"智慧政府"转型的路径分析[J].时代人物，2021，(12)：2-11.

[18] 田涌.基于文旅融合时代公共图书馆发展的思考[J].传媒论坛，2021，4(22)：2-8.

[19] 杜群.未来美术馆的"数智"治理与探索[J].新美术，2021，42(4)：6-11.

[20] 李加媛.全媒体时代公共图书馆阅读推广与社会合作发展策略探索[J].内蒙古科技与经济，2022，(18)：158-159.

[21] 刘时容，周兰桂."网络与文化"视阈下图书馆时空功能的拓展与重构[J].高校图书馆工作，2021，41(4)：5-9.

[22] 黄海明.数字化改革视阈下金华城乡公共文化服务精准化供给的路径研究[J].文化创新比较研究，2022，6(30)：71-74.

[23] 王静.论大数据背景下实现图书馆智能化管理的策略[J].区域治理，2021，(31)：287-288.

[24] 邹碧和.大数据背景下创新图书馆数字资源共建共享模式探讨[J].图书情报，2021，(3)：1-3.

[25] 王晓红.终身学习背景下的残疾人读者阅读服务策略研究[J].中文科技期刊数据库（全文版）图书情报，2021，(12)：4-8.

[26] 桂沫.互联网时代博物馆文物管理中文物保护的创新性路径[J].参花：上半月，2021，(2)：73-74.

[27] 李馨.推动基层社会治理深度媒介化——智媒时代县级融媒体中心发展再定位[J].福州大学学报：哲学社会科学版，2021，35(5)：6.

[28] 马加民，冯红新.新型农民集中居住区体育文化治理的基层逻辑[J].体育科学研究，2021，25(5)：7-11.

［29］雷琛烨.数字科技赋能江苏公共文化服务的路径探索［J］.花溪，2023，（4）：112-114.

［30］潘婕.数字时代下乡村公共文化服务的路径探究［J］.参花，2021，（21）：141-142.

［31］王静.论大数据背景下实现图书馆智能化管理的策略［J］.区域治理，2021，（31）：1-2.

［32］洪牧.大数据时代公共图书馆阅读推广服务创新［J］.科技资讯，2021，19（34）：3-5.

［33］文嘉玲.“十四五”时期公共图书馆馆员队伍专业化建设策略［J］.河南图书馆学刊，2022，42（6）：3-5.

［34］蔡向军.对现代公共文化服务体系下数字文化馆建设的思考［J］.中文科技期刊数据库（全文版）社会科学，2021，（9）：2-9.

［35］田野袁祖社.大数据发展中的文化遗失与找寻［J］.人文杂志，2022，（10）：55-62.

［36］陆妍.大数据时代图书馆做好老年读者服务工作的思考［J］.新世纪图书馆，2022，（12）：47-51.

［37］武亚飞.大数据时代公共数据开放立法研究［J］.科技与法律，2022，（6）：83-91.

［38］高雪.公共文化服务体系数字化建设研究［J］.中文科技期刊数据库（全文版）社会科学，2021，（7）：2-7.

［39］练洋.大数据背景下文化馆数字化建设探讨［J］.参花，2021，（7）：141-142.

［40］黄海.大数据时代图书馆微服务研究［J］.河南图书馆学刊，2023，43（3）：59-62.

［41］裴玉婷.大数据时代对加快会计师事务所信息化建设的思考［J］.全国商情·理论研究，2021，（14）：175-177.

［42］王三珊.社会力量参与城市书屋建设研究——基于公共文化服务供给角度［J］.文化产业，2023，（11）：150-152.

［43］蒋迎春.大数据环境下公共图书馆红色文化传播的路径［J］.文化学刊，2022，（9）：4-8.

［44］冯君艾.新形势下文化馆数字化服务的现状与对策［J］.休闲，2021，（22）：1-2.

［45］栗贺.大数据时代传统电视媒体创新发展策略研究［J］.新闻文化建设，2022（22）：166-168.

［46］姚晓燕.浅析新媒体视域下现代公共文化服务体系［J］.传播力研究，2020，4（24）：2-12.

［47］薛娟，张倩.公共文化服务体系中公共图书馆创客空间的设计创新［J］.艺术科技，2021，34（2）：142-146.

［48］唐敏.农村公共文化服务供需主体互动存在的问题及对策研究［J］.民风，2023，（2）：78-80.

［49］王家合，杨硕，杨德燕，等.县域政府购买农村公共文化服务绩效的空间差异——以湖北省咸宁市咸安区为例［J］.经济地理，2021，（1）：8-11.

［50］耿达，田欣.公共文化服务规划的理论建构与实践逻辑［J］.图书馆，2021，（11）：8-15.

［51］汤资岚.数字乡村战略下农村老龄公共文化服务效能提升研究［J］.图书馆，2021，10）：9-33.

［52］赵宇.提升公共文化服务水平研究［J］.生态环境与保护，2021，4（1）：14-15.

［53］李开欢.城市社区公共文化服务供给自足化的困境与破解——基于南宁市WL社区的实地调查［J］.柳州职业技术学院学报，2021，21（2）：5-14.

［54］张婧婧.公共文化服务体系建设语境下发掘大运河江苏流域民歌的创造性发展［J］.文化产业，2023，（2）：25-27.

［55］丁治文，蒋鸽.供给侧视角下农村公共文化服务效能提升研究——基于韶关市的调查分析［J］.淮南职业技术学院学报，2022，22（1）：141-143.

［56］耿达，田欣.公共文化服务规划的理论建构与实践逻辑［J］.图书馆，2021，（11）：1-8.